마인드 스포츠

Mind Gym

Korean Language Edition Copyright ⓒ 2004 by McGraw-Hill Korea, Inc. All right reserved. No part of this publication may be reproduced or distributed in any form or by any means, or stored in a database or retrieval system, without prior written permission of the publisher.

1 2 3 4 5 6 7 8 9 10 RB 20 09 08 07 06 05 04

Original : Mind Gym
By Gary Mack
ISBN 007-139597-0

This book is exclusively distributed in Rainbow Book Co., Ltd.

When ordering this title, please use ISBN 89-89377-48-X

Printed in Korea

마인드 스포츠

스포츠와 인생을 성공으로 이끄는
40가지 마음가짐

Gary Mack & David Casstevens
최의창
2010

자신의 마음을 다스리는 사람이야말로
영원히 왕 중의 왕이라 불릴 수 있으리라.

- 티투스 마키우스 플라우투스

| 옮긴이 서문 |

마음으로 하는 스포츠
스포츠로 닦는 마음

　우리는 스포츠를 몸으로 하는 것이라고 생각합니다. 그래서 스포츠를 잘하려면 신체능력이 중요하다고 입을 모읍니다. 타고나는 운동능력이나 신체감각을 최고로 여기는 것이죠. 그러나 스포츠를 잘하기 위해서는 신체능력과 함께 정신능력 또한 중요합니다. 특히 운동기능이 높아질수록 몸의 능력보다는 마음의 능력이 차지하는 중요성이 더욱 두드러집니다. 최고 수준에서는 정신능력의 차이가 실력의 차이라고 말할 수 있을 정도입니다.
　스포츠에서 귀중한 마음의 능력에는 인지적 측면, 감정적 측면, 그리고 의지적 측면이 모두 포함됩니다. 즉, 상대방의 전술과 전략을 간파하고 자신의 대응전술을 펼치는 머리의 능력, 위기의 상황에서도 흥분하거나 불안해하지 않고 평정심을 유지하는 가슴의 능력, 힘들고 어려운 난관을 극복하고 헤쳐 나가는 영혼의 능력 등입니다. 이러한 마음의 다양한 측면들이 스포츠를 수행하는 과정에 적극적이고 다채롭게 관여하는 것이죠. 오랫동안 스포츠를 잘 하는 사람일수록 이 마음의 여러 측면들이 얼마나 중요한지를 보다 깊이 깨닫게 됩니다.

마음과 스포츠의 관계는 마음이 스포츠에 영향을 미치는 방향뿐만 아니라, 그 반대 방향으로도 이루어집니다. 즉, 스포츠를 통해서 그것을 수행하는 사람의 마음이 변화되는 것이죠. 스포츠가 마음에 직접적으로 영향을 미치는 것입니다. 스포츠는 마음을 담아내는 매개물인 동시에 마음이 닦아지는 매개체가 되는 것입니다. 마음의 능력이 스포츠를 통해서 더욱 높아지고 깊어지고 넓어지게 됩니다. 인지적, 감정적, 의지적 측면들이 스포츠를 통해서 이전보다 훨씬 더 나아지는 것입니다. 결국 머리와 가슴과 영혼이 가다듬어지는 것입니다.

이 책에서는 이러한 마음과 스포츠의 상호작용이 구체적인 수준에서 어떻게 이루어지는가를 생생한 예화를 들어 아주 쉽게 설명해 주고 있습니다. 우리에게 잘 알려진 유명한 스포츠 감독과 선수들의 일화와 명언을 통해서 마음이 스포츠 경기력에 어떤 영향을 미치는지, 스포츠가 마음의 함양에 어떤 도움을 주는지 쉽게 이해할 수 있도록 도와줍니다. 스포츠 심리상담가인 저자의 현장경험을 바탕으로 흥미롭게 읽을 수 있는 문체로 전문작가가 다듬었습니다. 그래서 스포츠심리학의 기초가 되는 개념들을 일반인도 쉽고 지루해하지 않고 읽을 수 있도록 저술하였습니다.

현실적으로 스포츠를 하면서 우리는 마음의 기술을 배울 기회가 거의 없습니다. 이런 것들은 시행착오를 거쳐 혼자서 깨우치거나 아니면 훌륭한 지도자를 만나서 조금씩 전수받는 것이 일반적이기 때문입니다. 그만큼 마음의 기술들은 공개적으로 교육 받거나 체계적으로 학습하는 기회가 많지 않습니다. 그러나 이 책은 스포츠를 더욱 효과적으로 즐기고 운동능력을 향상시키기 위해서 필요한 핵심적 마음가짐들을 이해하고 기억하기 쉽게 그리고 무엇보다도 재미있게 읽을 수 있도록 만들어 놓았습니다. 더욱 좋은 점은 여기 소개된 마음의 기술들이 스포츠상황에서뿐만 아니라 우시 삶의 모든 영역에서도 유용하게 활용될 수 있는 지혜들이라는 것입니다.

  책을 통해 다양한 삶의 지혜들을 가슴 깊이 숙지하고 생활에 적용함으로써 독자의 스포츠 실력만이 아니라, 삶의 수준도 한 단계 더 높아지고 깊어지길 간절히 바랍니다.

2010년 7월
최 의 창

| 추천서문 |

 나는 마이애미에서 자랐고, 9살 때 쯤 메이저리그 야구선수가 되겠다는 꿈을 꾸게 되었다. 그러나 그 꿈은 확실하게 정한 것은 아니었다. 내가 야구를 그만두고 농구를 시작하면서 꿈은 사라져버렸다. 나는 제2의 매직 존슨 또는 래리 버드가 되고 싶었다.

 그러던 어느 날이었다. 엄마와 형과 함께 이야기를 나누는 도중 나는 NBA에는 도미니카인이 거의 없다는 사실을 알게 되었다. 그래서 그만 둔지 2년 후, 나는 다시 야구를 시작했다. 그리고 그 꿈, 내 머릿속에 있던 그 그림을 다시 떠올리게 되었다.

흐리기만 했던 이미지에 초점이 잡히기 시작했다.

빅 리그의 유니폼을 입고 있는 나 자신을 이렇듯 오래전부터 상상하지 않았다면, 오늘 여기 서있는 나는 없었을 것이다. 나는 진정 꿈이 지니고 있는 힘을 믿는다.

목표를 세우고 열심히 노력하는 것과 함께, 나는 심리적 준비 또한 중요하다고 믿는다. 내가 지금처럼 뛰어난 성적과 높은 기량으로 경기를 할 수 있는 가장 큰 이유는 바로 나의 마음을 잘 활용했기 때문이다. 스포츠에서 재능의 수준까지 도달할 수 있는 데에는 한계가 있다. 인생에서도 마찬가지다.

나는 내가 추구하는 목표를 마음속으로 먼저 성취하려고 노력한다. 예를 하나 들어보면, 아메리칸 리그의 MVP 트로피를 타고 머리 위로 높이 치켜드는 모습을 마음속으로 그려보았다. 타격왕이 되는 것과 그 트로피를 높이 드는 모습도 그렸다. 타율이 .380이 되는 것을 머릿속에 떠올렸다. 나는 마음속에서 숫자가

비상등이 반짝이듯이 깜빡이는 것을 보았다.

…380 …380 …380.

그 해 나는 3표차로 MVP가 되지는 못했다. 하지만 타격왕이 되었다. 시합은 그리 어렵지 않았다. 어려운 것은 준비하는 것에 있었다. 봄에 했던 것들이 가을에 보상을 안겨다 주었다.

내 꿈을 확실히 믿었듯이, 나는 긍정적 강화와 심상의 힘도 믿고 있다. 어떤 날은 잠자리에서 이런 말을 되풀이한다. 한 150번 정도쯤 하는 것 같다. "나는 공을 정확히 친다. 공을 정확히 친다. 공을 정확히 친다. 내가 밥 먹고 하는 일이 뭔가? 나는 공을 정확히 친다." 나는 마음의 눈으로 그 결과를 먼저 본다. 팬들의 시점에서 나 자신을 본다. 덕아웃에서는 감독의 시점으로 본다. 나는 경기장에서는 여러 방향에서 나를 바라다본다. 확신하건대, 챔피언은 먼저 마음속에서 자신을 이기고, 그 다음에 시합을 한다. 이 반대가 아니다. 마음은 정말로 강력한 힘을 지녔다.

야구의 한 시즌은 정말 오래 지속된다. 스프링캠프부터 시작해서 162게임을 거치고, 마지막에는 포스트시즌까지 있다. 스포츠 선수들은 누구나 잘될 때와 안될 때를 겪는다. 하지만 나는 경기가 정말 안 풀릴 때에도 걱정하지 않는다. 나는 내 기량을 결과로 판정하지 않는다. 가장 중요한 것은 나의 신체적, 정신적 준비다. 거울을 보면서 내가 묻는 질문은 이런 것이다. "오늘 경기를 할 준비가 되어있는가?" 만약 대답이 '예'라면, 나는 자신감이 차오른다. 공이 투수의 손을 떠나고 방망이에 맞으면 그 결과는 내 의지와는 상관없어진다.

 이 책의 저자 게리 맥은 우리 팀의 심리상담사로 일한 적이 있다. 내가 프로에 입문한 1993년부터, 우리는 절친한 친구로 지내고 있다. 이 책은 세계에서 가장 뛰어난 운동선수와 감독 및 코치들의 머리와 가슴속으로 독자를 초대할 것이며, 스포츠에서 마음의 중요성이 얼마나 큰 지를 잘 보여줄 것이다. 내용을 읽으면서 배우게 될 교훈이나 기술은 내가 매일 활용하고 있는 것들이다. 독자가 빅 리그 선수거나 리틀 리그 선수거나, 혹은 다른 스포츠 종목을 좋아하는 아마추어이거나, 이 책은 독자의 수준을 다음 단계로 향상시키는 데 많은 도움을 줄 것이다.

알렉스 로드리게즈

(텍사스 레인저스)

차례

옮긴이 서문
추천 서문

제1부 마음을 훈련하라　1

1 • 요기 베라의 명언　3
2 • 마인드 게임　9
3 • 마음의 중요성　16
4 • 압박감의 법칙　22
5 • 강인한 정신력　30
6 • 자신의 숫자를 알라　37
7 • 책임감의 심리학　44
8 • 자기 자신의 극복　51
9 • 다음 단계　61

제2부 목표를 설정하라　67

10 • 꿈을 지녀라　69
11 • 완벽보다는 향상　75
12 • 철저히 노력하라　82
13 • 치명적 방심　89
14 • 운명이 사랑하는 것　96
15 • 승리허가증　103
16 • 내면의 불꽃　110
17 • 네 가지 D　117

제3부 성공을 확신하라　125

18 • 태도가 가장 중요하다　127
19 • 벤치 지키기　134
20 • 믿음의 힘　140
21 • 두 귀 사이　148
22 • 하인 혹은 주인　155
23 • 두려움을 받아들여라　162
24 • 호흡으로 집중하라　169
25 • 지금 여기, 바로 이 순간　176
26 • 신속하라, 천천히　182
27 • 노력하라, 편안히　189
28 • 관찰하라, 단순히　195
29 • 최종결론　201

제4부 내면에 몰입하라　209

30 • 자신을 믿을 것　211
31 • 화이트 모먼트　218
32 • 분석의 부작용　226
33 • 스포츠의 파라독스　233
34 • 우연이 아닌 필연　243
35 • 내면의 뛰어남　249
36 • 내안의 영웅　258
37 • 잘한 경기　264
38 • 시합날　270
39 • 거울 테스트　276
40 • 가장 큰 승리　286

제 1 부

마음을 훈련하라

# 1

요기 베라의 명언
Yogi Was Right

경기의 90%중, 절반은 정신적인 것이다.
— 요기 베라

육체를 훈련시키는 것과 마찬가지로 정신도 훈련시켜야 한다.
— 부르스 제너

요기 베라가 뉴욕 양키스팀의 단장이 되자, 한 기자가 그에게 경험이 충분한가를 물었다. 요기는 이렇게 말했다. "물론이지, 선수로 18년간 뛰었잖아. 보는 것만으로도 많은 것을 관찰할 수 있지." 그 기자는 취재수첩을 덮고서 무슨 뜻인지를 골똘히 생각하면서 회견장을 나갔다. 요기에게 이런 대답을 받은 종업원처럼 말이다. 한 번은 식당에서 요기에게 한 종업원이 피자를 4쪽으로 나눌까 8쪽으로 나눌까를 물은 적이 있었다. 요기의 대답은 이랬다. "4쪽으로 하지, 8쪽을 다 먹을 수 있을지 자신이

제1부 마음을 훈련하라

없으니까."

최고의 운동선수와 프로스포츠팀들을 상대로 일을 할 때마다, 나는 요기 베라의 명언과 지혜를 인용하는 것으로 시작할 때가 많다. 그 중, 사람들에게 웃음을 터트리게 만들 수 있는 확실한 명언 한 가지는 "경기의 90% 중, 절반이 정신적인 것이다."라는 명구다.

질문을 하나 해보자. 요기 베라의 이 유명한 말에 대해서 한 번 생각해본 적이 있는가? 시합의 얼마만큼이 정신적인 것이라고?

답이 나오도록 내가 도와줄 수도 있다. 세계 여러 나라의 스포츠심리학자, 올림픽 출전 선수, 프로스포츠선수, 감독, 음악가, 무용수, 우주비행사, 의사, 변호사, 그리고 소방대장들을 대상으로 캐나다 오타와에서 소개한 적이 있는 한 가지 연습으로 시작해보자. 이 연습을 마치고 질문에 대답하고 나면, 세계 제일의 운동선수들과 다른 분야에서 일하고 있는 최고 수준의 전문가들이 잘 알고 있는 내용이 무엇인지 알 수 있을 것이다. 그것은 운동 기능이 일정 수준에 도달하게 되면, 비록 더 많이 중요한 정도는 아니더라도, 정신적 기술이 신체적 기술만큼이나 중요한 요인으로 작용한다는 점이다.

먼저, 편안한 자세로 앉아라. 그리고 마음을 느긋하게 먹어라. 최고로 경기를 잘 풀어나갈 때의 장면과 소리, 느낌을 한 번 떠올려보라. 마음의 눈으로 가장 뛰어난 경기를 펼친 날을 상상해보라. 최고로 시합을 잘 할 때를 눈앞에 그려라. 어떤 동작을 행하든, 어떤 판단을 내리건 간에 가장 올바른 것이었을 때, 결정적인 순간들이 모두 내게 유리한 방향으로 펼쳐졌을 때를 떠올려라. 어떤 운동선수들이나 공연예술가들은 이런 최상의 날을 "최상상태에서의 수행"이라고 부른다. 나는 이런 달콤한 순간들을 '화이트 모먼트white moments'라고 부른다. 이에 관해서는 제 4부에서 자세히 알아볼 것이다.

자신의 경기 중, 하이라이트장면을 보고 있다고 생각해보라. 어떤 두려움도 느끼지 않고, 아무런 불안감도 없으며, 한 점의 의심도 하지 않고 있을 것이다. 모든 것이 유유히 흘러가며 나는 그 흐름을 타고 같이 흐르고 있다. 주위를 둘러보라. 지금 있는 곳이 어디인가? 지금 몇 시인가? 몇 월 며칠인가? 어떤 옷을 입고 있는가? 누구와 함께 있는가? 누가 보고 있는가? 어떤 소리가 들리는가? 숨을 내쉬어보라. 만약 골프장에 있다면, 잔디냄새를 맡을 수 있는가? 이런 즐거운 느낌과 체험을 한 번 시각화해보라.

이제, 이 이미지가 서서히 사라지도록 하고, 이번에는 최악의 경기를 펼친 날을 떠올려보라. 아주 무기력하고 바보 같았던 그날의 시합을 생각해보라. 아무리 열심히 노력해도 한 가지도 제대로 되지 않았던 날을 생각해보라. 자, 이제는 그 기억을 떠나보내라. 그리고는 현재로 빠르게 돌아와보라.

요기 베라가 한 말을 마음속에 간직한 채로, 가장 경기를 잘한 날과 못한 날을 비교해보라. 그리고는 이 질문들에 대하여 정직하게 대답해보라. 각각의 날에 펼친 경기가 얼마만큼이나 나의 신체적 기술과 관련이 있는가? 정신적 기술과는 얼마만큼이나 관련이 있는가?

나는 프로스포츠선수들을 대상으로 이 훈련을 해볼 때면, 모든 선수들을 한 곳에 모아 세워놓는다. 정신적 기술이 10% 미만인가를 물어본다. 만약 그렇다면, 그런 선수들은 앉으라고 한다. 20% 미만인가를 물어보고, 그런 선수들은 다시 앉힌다. 그리고는 "여러분 가운데 30% 미만이라고 생각하는 사람은 자리에 앉으십시오. 그리고 40%미만이라고 생각하는 선수들은 없습니까?"라고 묻는다.

50%가 되면 최소한 모인 선수들의 반은 아직 서 있는다. (독자도 이 사람들 가운데 한 명인가?)

그렇다고 대답했다면, 다음 질문은 이것이다. 만약 최고의 날과 최악의 날의 차이점이, 요기가 말한 것처럼, 50% 정신적인 것이라는 점을 믿는다면, 멘탈 게임을 향상시키는 것에 얼마의 시간을 투자하는가? 스포츠심리학 책을 몇 권이나 읽어보았는가? 코치로부터 정신적 기술에 관한 내용을 얼마나 많이 배웠는가?

앞의 훈련에서 보았듯이, 우리의 마음은 비디오 카메라와 똑같다. 우리의 마음은 장면과 소리를 기록한다. 그리고 테이프는 끊이지 않고 계속 돌아간다. 인간의 육체는 생생하게 펼쳐지는 머릿속 생각과 이미지를 마치 지금 실제로 일어나고 있는 것처럼 취급한다. 악몽을 꾸다가 잠을 깬 적이 있는 사람은 이것이 사실임을 알 것이다.

정신 훈련이 수행능력을 향상시키고 생산성을 증진시킬 뿐만 아니라, 즐거움도 배가시킨다는 사실이 연구로 밝혀졌다. 남녀노소를 불문하고, 스포츠종목을 불문하고 우리는 우리 마음을 보다 더 긍정적으로 활용할 수 있는 방법을 배울 수 있다. 정신을 계속해서 집중시킬 수 있는 방법을 배울 수 있다. 위기 상황을 헤쳐 나갈 마음가짐을 배울 수 있다. 힘든 순간에도 의욕을 불태울 수 있는 방법을 배울 수 있다. 쓸데없이 정신을 분산시키지 말아야 한다. 자신의 꿈을 따르고 얻고자 하는 바를 성취할 수 있는 그런 삶을 살 수 있는 방법을 배울 수 있는 것이다.

내면의 강인함을 얻는 길은 하나의 과정이다. 육체의 근육을 단련시키는 것과 같이, 정신의 근육을 단련시키는 데에는, 시간과 노력이 절대적으로 필요하다. 자신의 내면에 있는 것에 더 투자를 하면 할수록, 그것은 외면으로 더욱 더 드러나게 마련이다. 이를 위해서는 가장 우선적으로 혼신의 힘을 기울여야 한다. 온몸과 마음을 쏟아야 한다. 요기가 말한 것처럼, 결단의 순간이 닥치면, 결행을 해야만 한다. 여러분들은 제 1부를 읽으면서 그 첫걸음을 내딛게 될 것이다.

지금 읽고 있는 이 책을 마음의 체육관이라고 생각하라. 각 내용들을 잘 읽고, 제시된 연습을 해보고, 질문들에 답해보라. 그렇게 한다면, 다음 단계의 수준으로 도약할 수 있는 이상적인 마음상태를 만들어내는데 필요한 정신적 기술들을 체득할 수 있을 것이다. 최고의 운동수행은 우연이 아니라 의지에 의해서 발휘되어야 하는 것이다.

내가 생각하는 것은
내가 느끼는 것과 내가 실행하는 것에 영향을 미친다.
몸을 훈련하는 것만큼이나 머리를 훈련하는 것도 중요하다.

# 2

마인드 게임
Mind Games

골프 샷을 망치는 것은 우리 몸보다는 마음이다.
— 토미 볼트

마음은 매우 강력한 힘을 가지고 있음에도,
대부분의 사람들은 그것을 제대로 활용하지 못한다.
— 마크 맥과이어

미식축구 감독 진 스털링이 팔짱을 낀 채 연습 구장에 서 있다. 애리조나 카디널스팀은 플래그스태프 시에서 여름 훈련 캠프를 하고 있다. 모든 선수들은 큰 키에 강한 정신을 가진 감독이 내뿜고 있는 숙연한 기운을 느끼고 있었다.

스털링은 오래전 고인이 된 '흑곰' 폴 브라이언트의 수제자이다. 그는 브라이언트가 감독시절 텍사스 에이 앤 엠 대학에서 선수생활을 지냈다. 또한 그가 감독으로 있을 때 알라바마팀에서 부코치로 7년을 일한 적이 있었다. 브라이언트와 마찬가지로, 스털링은 연습시간을 매우 중요하게 여기고 있었다. 그는 선수들에게 강한 정신력과 몸에 베인 성실성을 최우선으로 강조하였다.

그는 지금 플레이스 키커가 오른발을 들어 공을 차는 것을 꼼짝하지 않고 뚫어져라 쳐다보고 있다. 필드골이 골대를 훨씬 비켜나가자 스털링의 표정은 인스턴트 시멘트처럼 굳어져버린다. 화가 치밀어 오르자 그는 등을 돌리고는 뭐라고 중얼거리면서 다른 곳으로 가버린다.

말하는 소리가 들리지 않을 정도로 진이 멀어지자, 나는 공을 찬 선수를 옆으로 부른다. "뭐가 잘못됐니?"라고 묻는다. 내가 이 NFL팀의 상담가로 일하기 시작한 첫 해이다.

"맥, 전 정말 잘 하는 놈이에요."하고 그는 확신에 찬 목소리로 말한다. 그리고는 자기 감독과 그가 보여준 얼음장 같은 눈초리를 떠올린다. 머리를 설레설레 흔든다. "하지만, 스털링이 있을 때는 정말 제대로 차지를 못하겠단 말예요."

입가에 번지는 미소를 어찌하지 못하고 나는 조용한 어조로 이렇게 말한다. "그래, 그런데 말이다. 스털링은 모든 게임에 다 나올 것 같은데."

그 선수는 아주 강한 다리를 가졌고, 차는 거리도 전혀 문제가 없었다. 하지만, 그의 문제는 자기가 할 일을 의식하기보다는 지나치게 자아를 의식하고 감독을 의식하는 것이었다. 그의 마음은 자기 감독에게 가 있었다. 만약 이 선수가 더 나은 결과를 기대한다면, 자신의 사고방식을 바꾸어야만 한다. 그 선수는 경기의 심리적 측면에 조금 더 많은 노력을 기울여야 한다.

스포츠에서 성공을 성취하는 한 가지 핵심요인은 앞에 놓인 과제에 온 정신을 집중해서 여타의 부정적 생각이 방해를 놓지 못하도록 하는 방법을 배우는 것이다. 우리의 마음은 한 번에 오직 한 가지에만 정신을 집중할 수 있도록 되어있다. 그러므로 일어나기를 원하지 않는 일에 정신을 쏟기보다는, 일어났으면 하고 바라는 것에 혹은 다른 중용적 생각에 정신을 집중시켜야만 한다.

플레이스 키커들과 상담을 할 때 나는 정신분산기법을 사용한다. 선수들에게 단어 한 가지를 만들어내라고 한다. 그리하여 그 단어를 마음속으로 외쳤을 때 다른 모든 부정적 생각이 사라지고 긴장감을 누그러트릴 수 있도록 활용한다. 제 34회 수퍼볼경기에 출전한 적이 있는 테네시 타이탄팀의 노장 키커인 알 델 그레코는 '버디'라는 자기만의 단어가 있었다. 알은 아마도 NFL에서 가장 골프를 잘 치는 선수일 것이다. 그에게는 이 '버디'라는 단어가 성공의 느낌이 들도록 만들고 골프 코스에서 갖는 즐거움을 떠올릴 수 있도록 만들어준다.

우리의 뇌는 우리의 몸을 통제하는 수퍼컴퓨터와 같다. 하버드 의대의 심장전문의인 허버트 벤슨 박사는 환자들로 하여금 숨쉬는 것에 의식적으로 정신을 집중하고 '하나'라는 단어를 반복해서 말하도록 하는 행동이 혈압과 심박수를 낮춰준다는 사실을 발견했다. 독자도 한 번 스스로 해보라.

우리 뇌는 엄청나게 놀라운 일들을 할 수 있지만, 컴퓨터와는 달리 사용지침서를 가지고 있지는 않다. 안타깝게도 우리는 너무도 잘못된 시기에 잘못된 '프로그램'을 자주 뽑아든다.

본 장의 서두부분에서 프로골프선수였던 토미 볼트가 한 말을 읽었을 것이다. 사람들은 그를 '짱 토미'라고 불렀다. '썬더 볼트(천둥)', 이 별명에는 볼트가 두 가지 언어에 능통했다는 뜻을 담고 있었다. 그는 영어와 욕설에 능란했다. 그의 불같은 성질과 채를 던지는 막가파 행동은 골프계에서 오랫동안 전설이 되어왔다. 전설에 따르면, 한 경기에서 연이어 퍼팅을 6번이나 놓쳐버리자 볼트가 주먹을 쥐고 하늘을 보며 이렇게 소리쳤다고 한다. "(하느님) 당신은 왜 이 아래로 내려와서 남자답게 나랑 한 번 붙어보지 않습니까?!"

하지만 볼트는 마음의 힘을 잘 알고 있었고, 우리 머리가 우리가 하는 일을 어떻게 훼방 놓을 수 있는지도 잘 알고 있었다. 연못이 놓인 홀 앞에 오게 되면, 우리 같은 보통사람들이 골프가방에서 중고 공을 꺼내면서 하는 일이 무엇인지 아는가? 티로 발을 옮기면서 우리는 이렇게 말한다. "물 속에 빠트리지 말자!" 심리학 수업시간에 우리의 행동은 우리의 생각과 이미지를 따른다는 사실을 배웠을 것이다. 만약 우리가 "물 속에 빠트리지 말자!"라고 말하고 물을 쳐다본다면, 수중무덤 속에 공을 수장시키라고 마음에 명령을 내리는 것과 같다. 우리의 마음은 가장 지배적인 생각을 기억한다. 우리가 얻는 것이라고는 물을 생각하고, 물을 기억하고, 물을 좋아하게 되는 것이다.

"물속에 빠트리지 말자"라는 말보다는 다른 방식의 표현을 생각해보자. 예를 들면, "핀의 오른쪽 8m지점쯤에 공을 보내자."는 어떤가? 마음이 만들어 놓은 것을 얻게 될 것이다. "무엇을 하지 말라."고 말할 때보다는 "무엇을 하라."고 말할 때, 우리의 마음은 훨씬 더 효과적으로 작용한다.

시카고 컵스팀을 상담할 때이다. 선발투수 한 명이 몬트리올에서 내게 전화를 해왔다. 최근 슬럼프에서 벗어나지 못하고 있던 선수였다. 그는 거의 애걸하는 목소리로, 내 도움이 절실히 필요하다고 말했다. 그가 마운드에 혼자 있을 때, 자기 자신과 나누는 대화를 말해보라고 했다. 투구를 위해 피처 플레이트를 찾는 동안 그는 수많은 부정적 생각들을 쏟아내고 있었다. "커브를 너무 믿지 말자. 이 타자를 베이스 온 볼로 보내서는 안된다. 심판은 내게 호의적이지 않을 것이다. 5회를 넘기지 못하면, 선발명단에서 내 이름이 제외될 것이다." 등등의 부정적 생각 말이다.

제1부 마음을 훈련하라

나는 내가 상담하는 선수들에게 종이카드를 한 장씩 나누어준다. 앞 쪽에는 각자 개인적으로 성공을 가져다주는 핵심요인들을 적고, 뒤쪽에는 운동수행에 성공을 가져다주는 핵심요인들을 쓰라고 한다. 내게 전화를 했던 그 투수에게 자신의 운동수행 성공의 핵심요인들을 말해보라고 했다. "게임이 정말로 잘 될 때, 자네는 무엇을 하지?"

"속구를 던집니다. 강속구로 스트라이크를 만듭니다. 속도를 달리합니다."라고 대답한다.

"어떻게 그렇게 하나?" 다시 묻는다.

"균형을 잘 잡아야 합니다. 어깨를 뒤로 유지합니다. 그리고는 공을 끝까지 뿌립니다." 다시 대답한다.

"좋아. 뉴욕 메츠팀과 5일 후에 있을 시합에 다시 선발로 나갈 때, 그 세 가지만 생각하게."

그 경기에 선발로 나갔을 때, 그 선수는 완봉승을 거두었다. 일주일도 되지 않은 시간에 이 선수가 육체적으로 얼마나 나아졌었겠는가. 그의 이런 변화는 자신의 사고방식을 바꿈으로써 운동수행을 변화시킬 수 있다는 사실을 보여주는 명백한 증거다.

우리는 어떤 방식으로 생각할 것인지 스스로 선택할 수 있다. 지금 보고 있는 프로그램이 맘에 들지 않으면, 곧바로 채널을 바꿔야 하는 것이다.

자기 마음을 이용하는 법을 배워라.
그렇지 않으면 자기 마음이 나를 이용하게 된다.
행동은 생각과 이미지를 따른다.
가고 싶지 않은 곳을 쳐다보는 잘못을 저지르지 마라.

3

마음의 중요성
The Head Edge

가장 중요한 점은 남보다 뛰어난 능력이 있어야 한다는 것이다.
반드시 그것을 지녀야 한다.
— 돈 슐라

운동선수의 가장 중요한 부분은 두 어깨위에 있는 부분이다.
— 타이 콥

야구경기 역사의 새로운 철인, 마크 맥과이어는 1998년 시즌 경기의 마지막 출전을 바로 앞두고 세인트 루이스 팀의 덕아웃에서 지그시 눈을 감고 앉아 있었다. 그는 낮잠을 자고 있지 않았다. 아주 넓은 어깨와 뽀빠이 알통을 가진 이 사나이, 이미 전 타석에서 홈런 한 개를 날려버린 이 사나이는 아주 깊은 생각에 빠져있었다. 그는 심리적 시연*Mental Rehearsal*을 하고 있었던 것이다.

카디널스 팀의 최고타자는 타격의 예술에 대해서 이렇게 말한다. "정말로 힘든 작업입니다. 정신적, 육체적으로 모두요. 사람들은 모두 내 육체를 봅니다. 하지만 나는 두 팔보다는 마음을 더 많이 사용합니다."

맥과이어가 타석에 들어섰을 때는 이미 정신이 집중되고 마음이 편안한 모든 준비가 된 상태였다. 몬트리올 팀의 구원투수인 칼 파바노가 시속 160Km정도의 강속구를 던졌을 때, 맥과이어의 몸과 마음은 이미 하나로 움직이고 있었다. 그대로 갈겨버리는 듯한 스윙이었다. 코르크 마개를 따는 것 같은 소리가 났다. 빨랫줄 같이 직선을 그리며 한참이나 멀리 날아갔다. 그 공은 왼쪽 담장을 넘어서 제 70호 홈런이 되었다. 그가 날린 지난 69개의 홈런은 단순한 우연이 아니었다는 사실을 모두에게 증명해 보이는 홈런이었다.

맥과이어는 시즌이 끝나기 전 44시간 동안 5개의 홈런을 더 때렸다. 그리고 새미 소사에게 바이바이하며 안녕 인사를 했다. 그와 세미 소사는 그 시즌동안 전례없는 홈런경쟁을 벌였던 것이다.

스포츠심리학은 '성공의 과학'이라고 불린다. 성공한 사람들이 무엇을 어떻게 하는가를 연구하기 때문이다. 그동안 밝혀낸 것 가운데 하나는 멘탈 리허설과 심상훈련이 매우 중요하다는 점이다. 맥과이어나 다른 뛰어난 선수들이 이것을 증명해 주었다.

심상훈련의 적합한 활용방법은 칼 야츠레미스키의 예에서 찾아볼 수 있다. "시합 전날 밤이면, 나는 내일 시합에서 보게 될 투수와 투구를 시각화한다. 나는 공을 정확하게 때려낸다. 그 느낌을 그대로 간직한다. 내가 원하는 곳에 투구를 쳐낸다."

시각화와 멘탈 리허설의 힘은 수많은 연구를 통해서 이미 증명되었다. 유사한 수준의 능력을 지닌 선수 20명을 선발해서 그 중 10명에게만 심상훈련을 시키면, 훈련을 받은 선수들은 훈련을 받지 않은 선수들보다 더 나은 결과를 얻게 된다. 스포츠심리학에서는 이러한 상황을 "심리의 중요성*the head edge*"이라고 부른다.

대학 농구선수들을 대상으로 한 흥미로운 연구가 있다. 농구선수집단을 모두 세 팀으로 나눠, 3개월 동안 각각 다른 방법으로 자유투를 연습하게 하였다. 첫 번째 그룹은 매일 1시간씩 직접 코트에서 연습하고, 두 번째 그룹은 코트에 나가지 않고 심리적인 연습만을 했다. 세 번째 그룹은 30분간 코트에서 실제로 연습한 후에, 파울라인에 서서 30분간 공이 골네트에 들어가는 것을 마음속으로 시각화하였다. 이 세 팀 중 최종적으로 어떤 그룹이 자유투 실력이 향상되었을 것이라고 생각하는가? 바로 세 번째 그룹이었다. 시각화훈련은 실제로 슈팅 동작을 수행하는 것만큼이나 운동수행의 정확성에 영향을 미쳤던 것이다.

또 다른 사례 연구도 있다. 『스포츠 및 운동심리학 기초』라는 서적에 인용되었던 것이다. 미국 올림픽 스키대표팀을 대상으로 한 스포츠심리학 연구다. 연구자는 팀을 기능수준이 동일하도록 두 그룹으로 나누었다. 한 그룹은 심상훈련을 받았고, 다른 그룹은 받지 않았다. 대표팀 감독은 심상훈련을 한 그룹이 그렇지 않은 그룹보다 훨씬 더 빠른 속도로 실력이 향상되는 것을 알게 되었다. 그는 즉각 연구를 중지시키고 모든 선수들이 심상훈련을 받도록 하였다.

뉴욕시 퀸즈지역 이민자들이 살던 동네에서 자란 나는, '폴란드 아메리칸 청소년 리그'에 가입된 축구팀에 소속되어 경기를 한 적이 있었다. 어느 토요일, 우린 랜달스섬에 있는 축구 클리닉에 간 적이 있었다. 그 당시 세계 최고의 축구선수였던 펠레가 그 자리에 있었고, 나는 너무 좋아 완전히 넋이 나갔다.

나는 아직도 그가 한 말을 기억하고 있다. 그는 "불같은 열정과 정신적 뛰어남, 이 두 가지가 바로 승리의 열쇠다."라고 했다. 그는 자신이 시합에 들어가기 전에 항상 활용하는 방법을 말해주었다.

그는 시합이 시작되기 1시간 전에 스타디움에 들어가서, 선수 대기실로 가서는 수건을 2장 집어든다. 그리고는 조용한 구석으로 간다. 길게 누워서 수건 한 장은 베개로 머리 밑에 놓고, 다른 한 장으로는 두 눈을 덮는다. 그리고는 마음의 카메라를 돌리기 시작한다. 마음의 눈을 통해서 그는 브라질의 해변에서 축구를 하던 어린 시절의 자신을 본다. 부드러운 바람결도 느낀다. 소금기가 배인 공기냄새도 맡는다. 그는 자신이 얼마나 즐거운 시간을 보냈는지, 자기가 축구를 얼마나 사랑하는 지를 다시금 기억해낸다.

그런 후 빠른 속도 버튼을 누른다. 월드컵대회에서 해낸 멋진 순간들을 다시 떠올려보고 승리의 기쁨이 충만했던 느낌들을 다시 느껴본다. 이 이미지들이 천천히 사라지도록 놓아둔다. 그리고는 잠시 후 있을 경기에 대해서 사전연습을 하기 시작한다. 상대방을 떠올린다. 수비선수들을 뚫고 공을 몰고, 헤딩으로 공을 받고, 골을 넣는 자신을 떠올린다. 혼자서 이렇게 약 30분을 보낸 후에, 펠레는 스트레칭을 한다. 사람들의 환호소리와 함께 스타디움안으로 총총히 들어가게 되면, 그는 정신적으로나 육체적으로나 완전하게 준비가 된 자신을 발견하게 된다.

이런 훈련은 "마인드 짐*the mind gym*"(마음 속의 연습장)이라고 부른다. 시카고 컵스팀의 상담역을 맡고 있을 때, 컵스팀은 뉴욕 양키즈팀으로부터 밥 테우스크버리 선수를 데리고 왔다. 그 당시 밥은 그리 주목받는 투수가 아니었다. 뛰어난 강속구도 던지지 못했고, 단지 체인지업과 공방향의 변화에만 의존하고 있었다. 나는 그를 상담하는 동안, 밥에게 자기만의 마인드 짐을 만들도록 하였다. 시합 전에 생각하고 정신적 준비를 할 수 있는 상상의 휴식장을 만들어 보라는 것이었다. 그는 생생한 상상력을 발휘해서 아주 훌륭한 스튜디오를 하나 만들었다. 그의 마인드 짐에는 거품 같은 구조물이 들어있었다. 이 구조물은 긍정적인 단어들이 반짝거리는 표시등이 있는 에너지 머신이었다. 최신의 음향시스템도 갖추어져 있었다. 밥은 마인드 짐의 침대에 누워서 머리위에 장치한 대형 스크린에 자신의 최고 명장면들을 틀고 관람할 수 있었다. 그 결과 테우스크버리는 카디널스 팀으로 가서 올스타에 선정되며 능력을 발휘했다.

이처럼 뛰어난 정신력을 얻기 위해서 자기 자신만의 마인드 짐을 만들어보라. 육체적으로 힘들거나 부상을 당했을 때에도, 선수들은 이곳에서 언제나 정신훈련을 할 수가 있다. 할 수 있는 데까지 자신의 이미지를 선명하고 분명하게 만들어라. 실수를 극복하는 자신의 모습을 보아라. 모든 일을 잘 해내는 자신을 상상하라. 이 점을 기억하라. 자신감은 자기가 정신적, 육체적으로 모든 준비가 되어있음을 아는 것으로부터 온다는 것을.

스포츠심리학은 성공의 과학이다.
같은 능력을 가진 선수들이라도, 심리훈련을 받은 선수들이
그렇지 못한 선수들보다 언제나 잘 한다는 사실이
연구를 통해 밝혀졌다.
심리적 기술은, 신체적 기술과 마찬가지로, 끊임없는 훈련이 필요하다.

4

압박감의 법칙
The Pressure Principle

압박감에 놓여있을 때에는 15% 잘하거나 15% 못한다.
— 스콧 해밀턴

정말로 긴장과 압박상황에서 그 자체에 즐거움을 느끼게 되면,
그 결과 승리는 나의 웃음으로 나타난다.
— 켄 그리피스 시니어와 켄 그리피스 주니어

그 아이는 몸이 약했다. 희귀한 소화기병에 걸려 성장발육이 제대로 이루어지지 못했다. 학교 아이들은 그 아이를 '땅콩'이라고 불렀고, 마음을 상하게 하는 다른 별명들을 지어 불렀다. 한 피겨스케이팅 심판은 그 아이가 국제 대회에서 성공하기에는 너무 작다고 말하기도 했다.

그런데, 그 아이가 지금 어디에 있는지 아는가? 50Kg에 158cm의 작은 키지만 동계올림픽대회의 하이라이트인 피겨스

케이팅 경기장의 한 가운데에 있다.

　피겨스케이팅 종목은 동계올림픽에서 가장 인기있는 경기다. 피겨스케이팅은 정말로 많은 감동을 주는, 마치 TV를 위해 만든 스포츠 드라마 같다. 피겨스케이팅에 대해 관객들이 갖는 기대는 정말 달콤하다. 하지만 선수들이 받는 압박감은 견딜 수 없을 정도로 크다. 아주 조그만 실수가 눈물이냐 우승이냐를 결정할 수 있고, 심판들이 내린 0.1점이 바로 그런 차이를 만들어낼 수 있기 때문이다.

　스콧 해밀턴은 솔로 종목에 출전하여 홀로 경기장에 서 있었다. 이 미국선수는 1980년 레이크 플레시드시에서 열린 올림픽에서 5위를 했었다. 이후 4년 동안 훈련을 열심히 해서 약점을 보완하였다. 4년 동안의 기다림과 꿈꾸기를 거친 후였다. 이번이야말로 올림픽에서 금메달을 목에 걸 수 있는 마지막 기회가 될지도 모른다. 해밀턴은 숨을 깊게 들이쉬고 움직이면서 온몸과 마음의 혼을 자신의 동작에 쏟아 부었다. 미끄러지고, 점프하고, 회전하였다. 두 손을 길게 뻗으면서 음악과 하나가 되었고, 또한 얼음을 지치는 스케이트날과 하나가 되었다.

　4분 후 모든 것이 종료되었다. 경기장 안에는 사람들의 환호소리가 가득 찼고 관중석에서 던진 꽃다발들이 얼음 위에 가득했다. 박수소리가 마치 소나기가 쏟아지는 것 같이 들렸다.

　해밀턴은 우리에게 챔피언과 신체조건은 서로 상관없다는 것을 다시금 일깨워주었다. 해밀턴은 거의 허리에 찬 것처럼 보이는 금메달을 목에 걸면서, 결국 자신의 꿈을 이루어냈다. 그는 사라예보에서 성취한 그 날의 쾌거를 자신의 심리적 준비에 돌렸다. 그는 이렇게 말했다. "누구나 강한 압박감을 느끼게 되면 자신이 가진 능력보다 15% 더 잘할 수도, 15% 더 못할 수도 있습니다."

나도 그날 저녁 TV를 시청하면서 해밀턴의 연기를 지켜본 수백만 명 가운데 하나였다. 나는 이 스케이트 선수의 말에 귀가 솔깃하였다. 우리는 모드가 인생이라는 무대의 연기자들이다. 우리는 매일의 생활 속에서 압박감과 경쟁감에 직면하게 된다. 직장에서, 회의실에서, 교실에서, 골프장에서, 테니스장에서, 농구장에서, 심지어는 놀이터에서까지도 말이다.

나는 해밀턴이 한 말을 마음속에 간직하면서, 스트레스의 심리학과 성공의 심리학을 새롭게 공부하기 시작했다. 압박감을 느끼는 상황에서 경기를 하는 것과 관련된 모든 지식을 배우고 싶었다. 스트레스를 받는 상황에서 무엇 때문에 어떤 선수들은 그것을 슬기롭게 극복하고, 어떤 선수들은 쉽게 무너지는지를 알고 싶었다. 우리의 마음은 어떤 방식으로, 얼마만큼 운동수행력에 영향을 미치는가?

압박감^{pressure}이란 무엇을 말하는가? 골프선수인 리 트레비노는 이렇게 정의한다. "압박감이란 35달러를 건 4피트짜리 퍼팅을 할 때, 주머니에 단돈 5달러만 있는 경우이다." 전 피츠버그 스틸러스 팀 감독을 지냈던 척 놀은 압박감이란 "자기가 무엇을 하는 지 잘 모르는 경우에만 느끼게 되는 그 무엇."이라고 정의했다.

전 몬트리올 팀의 투수였던 빌 리는 페넌트 레이스의 후반부에 얼마나 많은 압박감을 느끼는지에 관해서 질문을 받은 적이 있었다. 어떤 질문이든지 머뭇거린 적이 없는, 야구계의 우주비행사는 잠시 생각을 정리한 후 이렇게 답했다. "1평방인치당 32파운드, 그것도 해발수준에서." NBA 선수인 찰스 바클리는 이렇게 말하면서 유연하게 대답을 회피한다. "압력*pressure*이란 타이어에나 넣는 거지요." 선수들이 압박감에 대해 이런 말들을 한다고 해도, 선수는 누구나, 자신이 그것을 인정하든 하지 않든 간에, 시합에서 압박감을 느끼는 것이다.

그렇다면 압박감은 도대체 어디로부터 오는 것인가? 미식축구 명예의 전당에 헌액될 예정인 전 덴버 브롱코스 팀 쿼터백 존 엘웨이는 언제나 이겨야 한다는 압박감에 시달렸다고 한다. 그러나 이 압박감은 대부분 자신의 내부로부터 나왔다고 말한다. 유명한 하키선수인 마크 마이저도 이에 동의한다. "나를 짓누르는 유일한 압박감은 내가 스스로 들쳐맨 압박감뿐이다."

사람의 신체는 압박감과 스트레스에 반응한다. 심장이 빨라지고 호흡이 가빠진다. 이런 반응에 면역을 지닌 사람은 아무도 없다. 역사상 가장 많은 메이저대회 우승을 이뤄낸 잭 니클라우스도 이렇게 말한다. "압박감은 긴장감을 만든다. 긴장하게 되면, 지금 해야하는 일을 빨리 해치워버리고 싶어진다. 골프를 할 때는 더 급해지면 급해질수록 더욱 못 치게 된다. 그렇게 되면, 다시 더 큰 압박감을 받게 되고 더 큰 긴장감을 느끼게 된다." 아서 애쉬의 말도 한 번 들어보라. "사람은 압박감을 받을 때 더 많은 정적 에너지를 쏟게 되는 경향성을 지니고 있다. 그러나 긴장감이 늘어나게 되면 두 가지 현상이 나타난다. 다리가 움직이지 않고 위장에 탈이 나는 것이다. 이것은 자동적인 반응이다. 이것은 우리의 유전자에 담겨져 있다."

이렇듯 압박감은 부정적 이미지로 우리에게 알려져 있다. 하지만 한편으로, 압박감은 우리 내면에 숨어있는 훌륭한 장점을 활성화시키는 데에도 도움을 줄 수 있다. 실제로, 압박감을 조금도 느끼지 않을 경우에는 최선을 다하려고 노력하지 않을 것이다. 메이저리그에서 활약한 투수 구스 고사지는 압박감을 통해서 힘을 얻었다. "사태가 최악에 이르기 전까지, 나는 최고의 상태에 놓이지 않는다."

시카고 컵스 팀에서 일하고 나중에 시애틀 마리너스팀과 일을 할 때, 구스 고사지를 알 기회가 있었다. 그는 자신이 해야 할 일을 정확히 파악하고 있었던 선수였다. 마무리 투수로서 느끼는 압박감을 어떻게 처리하는가를 물은 적이 있었다. 그는 이렇게 대답했다. "시합에 들어서게 되면 나는 언제나 록키산맥지대에 있던 우리 집을 생각합니다. 그러면 나는 마음이 평온해집니다. 그리고는 내게 일어날 수 있는 최악의 상황은 내일 아침 짐을 꾸리고 그곳에 다시 가서 고기를 잡는 것일 뿐이라고 나 스스로에게 말합니다."

한편, 해밀턴은 이와는 다른 방식으로 압박감을 다루었다. 금메달을 딴 지 16년 후에, 나는 그와 이야기를 나눌 기회가 있었다. '스타스 온 아이스' 순회공연을 하러 휘닉스에 왔을 때였다. 압박감에 관해 그가 말한 '15%' 표현이 내게 영감을 주었으며 이 책을 쓰게 된 동기가 되었다고 하자, 그는 미소를 지었다. 그는 말하길, 사라예보에서 금메달을 딴 연기를 펼칠 때 그는 '세련화된 무관심refined indifference'이라는 관점으로 접근했다고 하였다. 그는 그 순간을 위해서 몇 년간 훈련했다. 조명이 켜지고 음악이 시작되자, 그 때부터는 운명이 자신을 이끌어나가도록 놓아두었다고 말했다.

"힘든 훈련의 시간은 지나갔다. 이제부터는 저기 나가서 모든 것을 즐기리라."고 자신에게 말했다.

사라 휴즈도 솔트 레이크 시티에서 열린 2002년 동계올림픽 대회에서 이와 같은 방식을 택했다. 쇼트 프로그램을 마쳤을 때 4위에 올라있던 그녀는 더 이상 잃을 것이 없다고 생각하며 편한 마음을 가졌다. 이 16살짜리 어린 소녀는 마음을 비우고 경기를 펼쳤다. 『스포츠 일러스트레이티드』지는 그녀의 연기를 '거침없는 환희'라고 표현했다. 나이가 들고 경험이 많은 올림픽 출전 선수들이 심리적인 부담과 압박감으로 인해 무너지는 것에 반해, 사라는 공중 3회전을 연달아 두 번 해내는 고난이도 연기를 성공시킴으로써 금메달을 따냈다. "머뭇거리지 않았어요. 평생에 걸쳐 해낸 최고의 스케이트 연기였어요."라고 눈을 반짝거리면서 말했다. 이처럼 압박감은 긍정적 요인이 될 수도 있고 부정적 요인이 될 수도 있다.

나와 친한 친구 중에 케네스 라비자가 있다. 그는 스포츠 상황에서 선수들이 맛보는 '최상의 순간들'에 어떤 체험을 하는지에 관한 연구를 수행한 스포츠심리학자다. 그는 80% 이상의 선수들이 실패에 대한 두려움을 느끼지 않았다는 사실을 밝혀냈다. 이들은 자신의 운동수행에 대해서 생각하지 않고 지금 자신이 하고 있는 것에 너무도 몰입되어 있었다. "최상상태"에 빠져 있었던 것이다. 참으로 역설적이게도, 우리는 얻고자 하는 욕망을 버릴 때 자신이 원하던 것을 얻을 수 있는 확률이 높아지는 것이다.

앞 장에서 다룬 마음의 훈련장에 들어가라. 어려운 상황을 이겨낸 경우, 그리고 압박감이 내게 유리하게 작용했을 경우를 다시 떠올려라. 그 때 무엇을 했는지, 어떤 느낌을 가졌는지, 자신에게 어떤 말을 했는지 잘 생각해보라. 편안한 상태였는가 아니면 긴장한 상태였는가? 흥분한 상태였는가 아니면 흥겨운 상태였는가? 실패를 무서워했는가 아니면 이기기를 갈망했는가? 결과에 집착했는가 아니면 과정에 몰입했는가?

모든 것은 해석을 거친다.
압박감은 우리의 머릿속에 있다.
압박감을 실패의 협박이 아니라
승리를 위한 도전으로 이해하는 방법을 배우라.

5

강인한 정신력
Mental Toughness

운동선수가 지녀야 하는 가장 중요한 자질은 강인한 정신이다.
— 미아 햄

정신적 강인함은 유전으로 받는 선물이 아니다.
그것은 노력을 통해서 얻는 기술이다.
— 크리스 에버트

조부겔이 애리조나 카디널스 팀을 감독할 때, 선수에게 주는 최고의 칭찬은 그 선수를 'LTG'라고 부르는 것이었다. '진짜 사나이*Legitimate Tough Guy*'를 줄여서 그렇게 말하는 것이다. LTG로 불리우는 선수는 압박감을 도전거리로 생각하며 지는 것을 거부하고, 절대로 포기하지 않는 특성을 보이는 분투적이고 검투사 같은 운동선수를 말한다.

예를 들어, 축구에서 드리블을 하다가 여러 명이 엉켜서 혼전을 벌이는 가운데 공을 빼앗긴 선수를 한 번 생각해보라. 공을 빼앗긴 이 선수는 공을 빼앗은 다른 선수의 웃옷을 잡아채어 그 선수가 땅에 엎어질 때까지 놓지 않는다. 옷은 거의 반쯤 벗겨진 상태다. 엎어진 선수는 거기에 누운 채 자기에게 파울을 범하고는 한 번도 쳐다보지 않고 저쪽으로 걸어간 이 선수를 보고는 혀를 내두르며 너털웃음을 터뜨린다.

이 아가씨의 이름은 마리엘(미아) 마가렛 햄이다. 세계 축구사상 가장 많은 골을 넣은 여자선수다. 이 아가씨가 바로 강인한 정신력의 화신이다. 원래는 수줍음이 많고 나서기를 좋아하지 않는 미아는 동료들에게 이렇게 말한다. "우리 팀이 승리하기 위한 방법은 오로지 이기고자 하는 강한 의지를 갖는 것뿐이다. 다른 어떤 방법도 필요하지 않다."

1999년 미국 여자축구팀은 그 해 최고의 스포츠 뉴스거리였다. 여자 월드컵대회에서 미국팀이 우승을 했던 것이다. 미국 여자축구팀은 중국과의 결승전에서 연장전을 거치고 승부차기까지 가는 극적인 접전을 벌였다. 미아 햄이 이 경기에서 혼자 미국팀을 승리로 이끈 것은 아니지만 가장 중요한 역할을 해냈다.

지금부터 강한 정신력의 7가지 특징(7C)에 대해서 알아보겠다. 이는 자신, 자신의 일, 자기의 운동 그리고 다른 사람과의 관계 등에 관한 몇 가지 행동과 신념들이다. 정신적으로 강한 사람은 경쟁 상황을 피해야 하는 위협으로 생각하기보다 발전을 위한 기회로 삼는다. 신체적 기능처럼, 정신적 강인함도 질 높은 지도와 훈련을 통하여 학습될 수 있다.

경쟁심이 강하다 Competitive

프로골프선수인 낸시 로페즈는 경쟁심이 강한 사람을 이렇게 정의한다. "경쟁을 좋아하는 사람은 이기는 방법을 찾아낸다. 경쟁을 즐기는 사람은 어려운 고난을 잘 받아들여 더 열심히 노력할 수 있는 원동력으로 활용한다. 하지만, 쉽게 포기하는 사람은 경쟁을 그만둘 이유로 사용한다."

마이클 조던이 한때 메이저리그 야구선수로 외도를 한 것은 그가 지닌 경쟁적 기질을 증명해주는 행동이다. 역사상 가장 훌륭한 농구선수가 무엇이 부족하여 다른 스포츠를 하겠는가? 그것은 그가 쉽게 포기하지 못하기 때문이다. 조 디마지오는 말년에 다시 25살이 되어 선수로 활약하는 것과 자신이 가진 모든 트로피와 기록들을 맞바꿀 수 있으면 그러겠다고 말한 적이 있다. 그는 이렇게 말했다. "내가 좋아하고 그리워하는 유일한 것은 경쟁하는 것이다."

자신감이 가득하다 Confident

타이거 우즈는 이렇게 말했다. "시합에 나갈 때마다 내 마음

속에서는 내가 항상 우승자다." 이처럼 자신감이 많은 선수들은 뭐든지 해낼 수 있다는 자세를 가지고 있다. 자기 앞에 어떤 일이 벌어지더라도 해낼 수 있다는 믿음이 곧 자신감이다. 이런 선수들은 절대로 자기패배적 사고방식의 희생물이 되지 않는다. 마이클 조던은 다른 선수가 증명해내기 전까지는 농구코트에서 자신이 최고의 선수라는 믿음을 가지고 매번 경기에 들어갔다고 말했다. 그것을 증명해준 사람은 거의 없었다.

통제력이 뛰어나다 Control

훌륭한 선수들은 자신의 감정과 행동을 통제하는 능력이 뛰어나다. 이들은 자기가 통제할 수 있는 것에 초점을 맞추며 자신의 능력 범위 밖에 있는 것들이 자신에게 영향을 미치도록 그냥 내버려두지 않는다. 강인한 정신력을 지닌 운동선수를 알 수 있는 방법은 최고로 긴장된 상황 속에서도 평온함, 집중력, 그리고 정서적 통제력을 유지하는 능력이 있는가를 알아보는 것이다.

헌신적으로 노력한다 Committed

강한 정신력을 지닌 선수들은 시간과 에너지를 자신이 가진 목표에 집중시킨다. 그들은 스스로 방향성을 잡아 나가며 매우 높은 동기수준을 가지고 있다. 존 맥켄로의 말을 한 번 들어보

라. "책에 나오는 모든 종류의 기술을 발휘할 수 있으면서도 그랜드 슬램에서 우승 한 번 해보지 못한 선수들은 부지기수다. 우승을 이뤄내는 선수들은 강인한 정신력을 가지고 있기 때문이다. 이들은 다른 선수들보다 훨씬 더 많이 우승을 원하는 것이다." 세계랭킹이 급격히 떨어지고 난 후에 안드레 아가시는 다시 스스로를 추스리고 테니스에 모든 것을 헌신하였다. 체력과 기술을 모두 예전 수준으로 끌어올리기 위해 많은 노력을 기울였다. 최근 그의 경기를 보면, 정말 많은 노력을 기울이고 있다는 것을 여러분 모두도 잘 알 수 있을 것이다.

평정심을 유지한다 Composure

정신적으로 강인한 선수들은 집중하는 방법과 난관을 헤쳐나가는 방법을 잘 알고 있다. 하키팀을 상담할 적에 이런 일을 한 적이 있다. 라커룸에 있는 한 선수에게 다가가서 그가 보고 있지 않을 때 갑자기 두 손으로 미는 시늉을 한다. 그러면 대개의 경우, 그 선수는 본능적으로 주먹을 쥐고는 언제라도 주먹을 날릴 권투 준비 자세가 된다. 특히 하키와 농구의 경우, 반항을 잘 하는 선수는 통상적으로 시합 중 벌점을 자주 받는 선수인 경우가 많다.

나는 테니스 선수들에게 시합 때 보통 2-3개 정도의 잘못된 심판 판정이 나올 것을 예상하라고 말한다. 때로는 그 이상도 나온다. 이럴 때 자신의 감정을 어떻게 조절하느냐가 시합에서 이기느냐 지느냐를 결정짓게 된다. 강인한 정신력을 가진 선수는 이런 식으로 말할 것이다. "그래, 만약 내가 내 상대팀을 이기고, 게다가 심판까지 이겨야 한다면, 그렇게 하지, 뭐." 휘닉스 시 소방서의 소방대원들에게 내가 강조하는 모토는 선수들에게도 적용된다. 그것은 이것이다.

"머리에 열이 날 때는 기분을 차갑게 유지하라."

용기가 충만하다*Courage*

강인한 정신력을 지닌 선수는 위험을 감수해야만 한다. 최고의 선수들이 바로 이런 일을 해낸다. 『역경지수*Adversity Quotient*』라는 책을 저술한 폴 스톨츠는 성공을 등산에 비유한다. 강한 정신력으로 등산하는 사람만이 정상에 오를 수 있다. 중간 정도 올라갔다가 포기하고 그곳에 야영하는 사람은 절대로 정상에 오르는 사람처럼 생생하게 살아있다는 느낌이나 성취감 같은 것은 느껴보지 못한다. 즉, 한 철학자가 말했듯이 어떤 일을 성취하고자 하거나, 자신이 성장하기 위해서는 용기가 필요하다. 자신의 모든 잠재력을 실현하기 위해서도 용기가 필요하다.

지속력이 강하다 Consistency

강인한 정신력을 가진 선수들은 내적인 힘을 지니고 있다. 이런 선수들은 종종 최악의 상태인 경우에도 최고의 실력을 발휘한다. 이들은 변명을 늘어놓지 않는다.

이기고 지는 것은 두 귀 사이에 있는
15센티미터짜리 경기장에서 결정된다.
강인한 정신력을 나타내는 이 7C를 연습하라.
경쟁을 사랑하는 법을 배워라.

6

자신의 숫자를 알라
Know Your Numbers

치열한 접전이 벌어지면 나는 내 맥박을 체크한다.
심박수가 100회 이상이면 내 생각과 능력에 영향을 미칠 것이기 때문이다.
— 필 잭슨

나는 정신적인 측면에서 중간 수준을 유지하려고 노력한다.
너무 높지도 않고, 너무 낮지도 않게.
— 토드 자이레

대학원 시절 내가 배운 가장 중요한 심리학 개념은 운동수행 곡선이라는 것이었다. 이것은 역U자 형태로 된 곡선을 말한다. 독자 여러분도 한 번 그려보라. 세로축에는 수직선을 그리고, 가로축에는 수평선을 그어 이 두 선을 서로 연결해보라. 각 선에 모두 0에서 10까지 숫자를 써넣어라. 가로축은 스트레스와 각성 수준을 나타내고, 수직선은 운동수행 정도를 나타낸다. 운동선수는 이 두 선의 숫자가 높아질수록 자극을 받게 된다. 심리적, 신체적으로 최상의 경기력을 발휘하는 때는 역U자 곡선의 최고점에 다다를 때다.

선수들은 누구나 최고의 운동수행에 따른 최적의 숫자를 가지고 있다. 나는 상담하는 모든 선수들에게 "자신의 숫자를 알아야 한다."고 말한다. 또한, 선수들은 초기 경고 신호를 알아차릴 필요가 있다. 우리가 자동차라고 한 번 생각해보자. 엔진회전rpm 속도가 얼마나 되어야 경고선을 넘지 않으며 차가 덜컹거리지 않고 부드럽고 효율적으로 달리겠는가?

운동선수가 가져야 하는 이상적인 숫자, 즉 최적의 수행수준은 (1) 선수의 타고나는 기질 (2) 경기의 시간 (3) 운동과제의 특성에 따라 결정된다. 단거리 선수의 숫자는 마라톤 선수와는 다르다. 왜냐하면 경기의 시간이 다르기 때문이다. 골대 밑에서 상대팀 농구선수와 몸싸움을 해야 하는 센터는 3점 슛을 전문으로 하는 선수와는 다른 숫자를 가지고 있다. 또한 선발투수와 구원투수도 마찬가지다. 이들은 해야 하는 운동과제의 특성이 서로 다르다.

운동선수는 서로 각기 다른 감성적 기질을 가지고 있다. 어떤 선수는 다른 선수보다 훨씬 더 쉽게 흥분한다. 차의 비유를 다시 들면, 어떤 선수는 스포츠카일 수도 있고, 어떤 선수는 봉고차일 수도 있다. 차의 오일등이나 브레이크등이 켜졌을 경우 어떻게 해야 하는지를 알아야하는 것과 마찬가지로, 자신에게 나타나는 초기 경고신호를 깨닫는 것도 매우 중요하다.

시카고컵스 팀을 상담하고 있을 때, 전 메이저리그 투수였던 짐 콜번과 함께 시합의 심리적 측면에 관한 특강을 한 적이 있었다. 나는 초기 경고신호가 무엇인지를 설명하기 위해서, 자리에 앉아있는 투수 한 명을 앞으로 나오라고 한 후, 강의교재의 한 부분을 크게 읽으라고 했다. 사실 지금 내가 설명하고 있는 것과 관련해서 내가 해야 하는 것이라고는, 그들을 그냥 '보기만' 하는 것이면 충분했다. 강의 중에 앞으로 불려나오지 않기를 바랐기 때문인지, 강의를 듣고 있던 대부분의 선수들은 내 시선을 피했다. 사람들이 가장 크게 느끼는 두려움 가운데 한 가지가 바로 대중 앞에서 말하는 것이기 때문이다.

스트레스를 받는 상황에 놓이게 되면 심장에서 반응이 나타난다. 즉, 심박수가 높아지는 것이다. 또한 피부에서 반응하기도 한다. 땀을 흘리는 것이다. 어떤 사람들은 숨을 가쁘게 쉬거나, 위장이 울렁거리거나, 목 뒤가 뻐근해지는 느낌을 받기도 한다. 이런 것들이 모두 초기 경고신호다. 심리적으로 나타나는 현상은 마음이 급해지는 것이다. 머릿속에서 작은 목소리가 부정적인 생각을 속삭이기 시작한다.

얼마 전에 NHL의 한 하키팀 구단주로부터 전화가 걸려왔다. 그 사람은 팀에서 가장 유망한 한 선수에 대해서 말했는데, 지명순위 1번의 촉망되는 젊은이였는데 프로 입단 첫 해에 고생을 많이 했다는 것이다. 그는 이런 말을 했다.

"이 선수는 정말로 엄청난 돈을 벌 수 있는 자질을 가졌습니다. 그런데 현실은 겨우 쥐꼬리만큼만 벌고 있다는 겁니다." 이 말의 뜻은 그 선수가 제 실력을 전혀 발휘하지 못하고 있다는 거였다. 아직 자신이 가진 무한한 가능성의 뚜껑을 열지 못했다는 말이었다. 그를 마이너 리그에 보내기 전에 그 초보선수를 한번 만나보기 원했다.

처음 만났을 때, 그 선수는 자신이 지명순위 1번이었던 것에 대해서 엄청난 압박감을 느끼고 있다고 고백했다. 경기가 시작되려고만 하면 너무 긴장하고 흥분하게 된다는 것이다. 처음 시합에 나갔을 때 그는 스케이트로 퍽을 밟은 적이 있었고, 패스를 지나치게 길게 했었다. 골대 앞에서는 안정감을 잃었다. 나는 앞에서 말한 역U자 곡선에 대해서 이야기한 후, 그에게 이렇게 물었다. "자네의 숫자는 얼마인가?"

"9나 10정도 됩니다." 그가 말했다. "어떤 때는 11도 됩니다."

"자기 최고의 능력을 발휘할 때는 몇이지?" 내가 다시 물었다.

"6이나 7정도입니다."

퍽이 놓이고 시합이 시작되면, 이 어린 선수의 속도계는 이미 빨간 선을 넘어서고 있었던 것이다. 감독은 이런 식으로 시합을 하는 이 선수를 믿지 못하고 의자에 앉혀놓았다. 몇 경기를 그냥 벤치에 앉아서 지켜보고 난 후 다시 시합에 투입되었을 때, 그는 자신의 움직임이 반으로 느려진 것처럼 느꼈다고 말했다. 다리는 무겁고, 패스도 전혀 되지 않았다. 스피드를 내려고 하는데도 전혀 다리가 떨어지지 않았다.

"그 때 숫자는 뭐였지?"라고 내가 물었다.

"3이나 4였습니다. 아니 5정도 됐을지도 몰라요." 그의 대답이었다.

시합 전에 그를 진정시키기 위해서 우리는 그의 시합 전 행동을 바꾸었다. 선수대기실에서는 느린 음악을 듣도록 하였다. 경기가 진행되는 도중 교체되어 나올 때에도 실제로 시합을 하는 것처럼 생각하라고 지시했다. 매번 교체 때마다 시합을 하는 것처럼 마음속으로 훈련함으로써, 경기와 상대방에게 더욱 정신을 집중할 수 있었다. 다시 교체되어 시합에 들어가게 되면 6이나 7수준에서 경기를 펼칠 수 있었다. 자기가 낼 수 있는 최고의 수행수준에서 말이다.

운동수행은 마치 '기타'와 같다. 줄이 너무 느슨하면 소리가 밋밋하고 줄이 너무 팽팽하면 끊어질 수 있다. 기타줄이 가장 알맞은 수준에서 매어져야 하는 것처럼, 선수도 최적의 수준에 자신의 신체를 조절해놓아야 하는 것이다.

최적의 상태를 벗어나는 활력 불어넣기를 생각할 때면, 나는 덱스터 맨리가 떠오른다. 1991년 약물복용으로 출장금지명령을 받고 난 뒤, 워싱턴 레드스킨스 팀에서 올스타에도 뽑혔던 덱스터는 애리조나 카디널스 팀으로 이적했다. 텍사스 주 어빙 시에서 텍사스 카우보이 팀과 경기를 벌이는 날, 팀닥터가 내게로 찾아왔다.

"맥, 이리 좀 와봐야겠어요." 그의 목소리에서 뭔가 심상찮은 일이 벌어졌음을 감지할 수 있었다. 선수대기실로 빠른 발걸음을 옮기면서 그는 걱정된 어투로 이렇게 말했다. "덱스터에게 문제가 생겼습니다."

서로 인사를 한 지 2-3주밖에 되지 않았지만, 덱스터와 나는 서로 친한 사이가 되어있었다. 선수대기실에 들어서자 맨리는 완전히 넋을 잃고 있었다. 출발대기장 안에서 뛰쳐나갈 순간을 잔뜩 기다리면서 숨을 씩씩 내뿜고 있는 경주마 같은 흥분상태에 있었다. 정신이 완전히 다른 곳에 가있었던 것이다.

"덱스터, 덱스터!" 나는 천천히 그의 주의를 끌었다. 맨리가 조금씩 정신을 차리면서, 나는 그의 두 눈을 똑바로 쳐다보면서 문제가 무엇인가를 물어보았다. "도대체 지금 무슨 생각을 하고 있는 건가?"

경기 시작이 다가오자 맨리는 자신이 자라온 휴스턴 시 꼬방동네에 다시 돌아가는 자기 모습이 떠올랐다는 것이다. "맥, 절대로 절대로 다시는 그곳에 돌아가고 싶지 않아요." 시합에 대비해서 정신을 "집중시키는" 과정에서 맨리는 각성수준을 지나치게 높였던 것이다. 운동선수에게 이것은 굉장히 치명적이다. 덱스터가 아무리 최고의 선수라고 하더라도, 다행히 카디널스 팀은 이런 상태에 있는 그를 경기에 출전시키지는 않았다.

이 두 가지 예는 운동수행곡선과 자신의 숫자를 아는 것이 얼마나 중요한지를 보여준다. 메이저리그 투수를 지냈고 스쿠루볼을 창안한 칼 허블의 말은 한번 음미해볼 가치가 있다 ― "자신을 통제하기 전에는 경기를 통제할 수 없다."

자기 자신을 통제하기 전까지는 자기 경기를 통제할 수 없다.
자신의 생각, 자신의 감정,
그리고 자신의 생리적 변화를 통제해야 한다.
자신의 숫자를 알고 초기 경고신호를 파악하라.

7

책임감의 심리학
Responsibility Psychology

> 야구가 내게 가장 도움을 준 점은
> 내 투구 이외의 것들에 대해서는 어찌해볼 수 없다는 것을 배운 것이다.
> — 그렉 매덕스

> 내 요점은 간단하다. 자신의 삶을 스스로 통제할 수 있어야 한다.
> — 찰스 바클리

1989년 시즌, 그렉 매덕스는 모든 것이 잘 안 풀리고 있었다. 시카고컵스 팀에 있던 이 젊은 투수는 내가 진행한 특강을 몇 번 들었던 적이 있었는데, 그때까지 6번 출장에 5번 패전을 기록하고 있었다. 승률은 곤두박질치고 있었다. 매덕스가 이렇게 힘든 시간을 보내는 것을 보고서 나는 마음속으로 약속을 했다. 올스타전이 진행되는 기간에 갖는 휴식기가 끝난 후, 이 친구가 나아지지 않으면 그와 통화를 한번 나눠보아야겠다는 약속이었다.

실제로 그렇게 했다.

이 휴식이 끝난 후 그가 보여준 변신은 놀랄 만한 것이었다. 6월 23일부터 시작해서, 매덕스는 5경기를 연속으로 이겼다. 8월 7일 몬트리올팀과의 경기에서 완봉승을 거둠으로써 컵스 팀은 리그 1위로 올라섰다. 그리고 남은 시즌 동안 계속해서 이 순위를 유지했다.

많은 사람들이 내게 물었다. "매덕스에게 뭐라고 말했습니까?"

나는 그에게 아무 말도 하지 않았다.

내가 전화를 걸었을 때 그는 집에 없었다.

스포츠심리학은 없던 재능을 창조해내지는 못한다. 스포츠심리학은 숨어있던 것을 밖으로 꺼내줄 수만 있다. 인생에서와 마찬가지로 스포츠에서는, 우리의 미래와 성공은 여러 요인들에 달려있다. 하지만, 대부분은 자기 자신에게 달려있다. 자신을 앞으로 달려가게 하거나 뒤로 처지게 만드는 것은 바로 자기 자신이다. 성공하거나 실패하는 힘은 오로지 자기 혼자의 것이다.

나는 명예의 전당에 헌액된 투수인 돈 셔튼이 한 말을 좋아한다. "내가 이렇게 성공을 거둘 수 있었던 이유는 저 남부지역의 가난한 소작농의 아들로 태어나 자랐기 때문이다. 어렸을 때부터 우리 가족을 부양할 책임을 맡았기 때문이다."

사람이 지닌 위대한 점 가운데 하나는 선택할 수 있는 힘을 가지고 있다는 사실이다. 상황을 어떤 식으로 바라볼 것인가를 선택하는가에 따라 어떤 감정상태를 가지고 어떤 경기를 펼칠 것인가에 영향을 받는다. 나이가 젊은 투수들은 심판이나 수비를 못한 팀동료선수들에게 화를 내는 경향이 있다. 사람들은 잘못을 전가하는 잘못을 너무 자주 저지른다. 성공하는 사람은 자신과 경기에 대한 책임을 스스로 짊어진다. 성공하는 사람은 어떤 일이 벌어졌는가보다는 자기 자신이 그것에 어떤 반응을 보이는가가 더 중요하다는 사실을 안다.

어떤 일이 발생하건 그것에 어떤 반응을 보일 것인지는 우리의 선택에 달려있다. 그렉 매덕스처럼, 뛰어난 내면을 가진 사람들은, 자신의 능력이 닿는 것에 정신을 집중시킨다. 매덕스는 명예의 전당에 걸맞은 외모를 가지지는 않았다. "저는 야구선수처럼 보이지 않습니다. 정말로요, 절 한 번 보십시오." 안경을 낀 애틀란타 브레이브스 팀의 이 오른손잡이 투수는 이렇게 말한다. 그러나, 현역 선수 중에서 가장 뛰어난 투수인 매덕스는 명예의 전당에 걸맞은 두뇌를 가지고 있는 것이다.

매덕스는 경기 도중 자신이 통제할 수 있는 것이라고는 오로지 자기 자신과 자신이 던지는 투구뿐이라는 점을 잘 알고 있다. 아메리칸 리그에서 올해의 신인상을 받은 적이 있는 팀 살몬은 이렇게 말한다. "나는 투수, 공, 수비수, 혹은 관중들 그 어느 것도 통제할 수가 없다. 그래서 나는 나 자신을 통제해내어야만 한다."

유명한 스탠 뮤지얼은 "투수가 스핏볼(공에 침을 묻히는 것)을 던지는 것에 대해서 걱정하지도, 불평하지도 말라. 그냥 침이 묻지 않은 마른 쪽을 때려라. 나처럼 말이다."

1994년 스프링 캠프 동안 시애틀 마리너스 팀의 투수와 코칭팀에게 특강을 한 적이 있다. 특강의 내용은 책임감의 심리학 *responsibility psychology*에 관한 것이었다. 애리조나 주 페오리아에 새로 건설한 야구장의 푸른 잔디 위에 모두 모여앉아 있을 때, 나는 매덕스가 한 말을 들려주었다. 지금 벌어지는 것들에 대해서 언제나 모두 통제를 할 수는 없겠지만, 그것에 대해서 자신이 어떻게 반응하는가는 통제할 수 있다는 점을 선수들에게 되새겨주었다.

특강이 끝난 후, 핸드폰으로 전화 한통이 왔다. 받는 즉시 오클라호마식 억양을 알아차릴 수가 있었다. 버디 라이언이었는데, NFL 카디널스 팀에 새로 부임한 감독이었다. 그 당시 6년 동안이나 카디널스 팀의 전속 상담사를 맡고 있어서, 인디아나폴리스 시에서 열렸던 NFL 지명대회에서 몇 주 전 그를 만났던 터였다. 그에게 좋은 인상을 주려는 의도로 나는 그 대회에서 유망성이 보이는 몇몇 후보선수들에게 비디오 인터뷰를 했었다.

"게리, 오늘 잠깐 들를 수 있겠소?"

"그럼요, 버디." "한 시간 내로 가죠."

페오리아를 나와서 카디널스 팀의 구장이 있는 남쪽의 템페 시로 차를 돌렸다. 버디의 전화로 나는 기분이 좋아있었다. 비디오 인터뷰를 한 것에 대해 뿌듯해있었고, 휴스턴 오일러스 팀으로부터 새로 온 감독에게 유용한 선수평가 자료가 될 것이라고 생각했다. 휴스턴에 있을 당시, 버디는 시합 도중 같은 팀의 부감독인 케빈 길브라이드에게 주먹을 날리는 사건으로 전국일간지 일면에 기사거리가 되기도 했다.

버디는 애리조나에 도착하자마자, "여러분은 승리전문가를 초빙했습니다!"라고 말하면서 다시금 빅 뉴스를 만들었다. 다음 시즌에 그가 어떤 계획을 가지고 있는지 정말로 듣고 싶었다.

라이언은 사무실 밖에서 나를 맞아주었다. 아일랜드 축제일인 성 패트릭의 날이었다. 그는 녹색 넥타이를 매고, 윗옷 주머니에 활짝 핀 녹색 카네이션을 꽂고 있었다. 번들거리는 얼굴빛에 두 눈을 반짝거리며 큼지막한 미소를 머금고 있는 버디는 완전히 순수한 아일랜드인이었다.

이전 감독이었던 조 부겔과 많은 시간동안 이야기를 나누었던 사무실, 이제는 그의 사무실에 들어가 앉았다. 버디는 커다란 책상 뒤에 있는 자기 의자에 털썩 몸을 던졌다. 나는 그와 마주보고 앉았다.

"게리, 코치들과 대화를 나눠봤습니다. 당신을 아주 높이 평가하고 있더군요." 버디는 이렇게 말을 시작했다. 나는 완전히 하늘을 나는 듯했다. "선수들도 선생을 무척 좋아합니다. 신뢰하고 있더군요. 선생에 대한 이야기는 좋은 것밖에 없었습니다. 그러나, 이제 선생을 그만 써야 되겠습니다."

쾅! 뒤통수를 얻어맞은 것 같았다. 기분이 너무 상했다. 내 얼굴에 있던 큰 미소는 사라졌다. 잠깐 동안 아무 말도 않고 앉아 있는 동안, 충격과 실망이 점차 분노로 변해갔다. '이럴 수는 없어!' 속으로 나는 이렇게 생각했다. 어금니를 꽉 물고 주먹을 쥐고 있는 것을 느꼈다. 아주 잠깐 동안에, 나는 책상을 가로질러 새로 온 내 상관, 아니 이제는 전 상관의 얼굴에 그가 길브레이드에게 날린 것과 같은 강도의 말을 쏘아주고 싶었다.

그러다가 나는 내 자신을 추스렸다. 나는 한 시간 전만 해도, 페오리아에서 따뜻한 햇살을 받으며 책임감에 대해서 메이저리그 투수들에게 강의를 했다. 나는 그들에게 "우리는 모든 상황을 자신이 원하는 방향으로 통제할 수 없다."고 말했다. 우리가 통제할 수 있는 것이라고는 특정 상황에 대한 우리의 반응이다. 나는 굴뚝 같은 마음을 억누르면서, 의자에 다시 앉았다. 숨을 깊게 들이쉬면서 라이언을 정면으로 쳐다보았다.

"버디, 저를 조금 더 잘 알 수 있는 시간을 가졌으면 하는 마음입니다." 그 순간, 분명하고 안정된 목소리로 말하고 있는 나를 들을 수 있었다. "당신과 당신 팀을 도울 수 있다고 생각합니다. 하지만, 그런 결정을 내린 것을 이해합니다. 행운을 빕니다."

우리는 일어서서 악수를 나눴다.

그는 이렇게 물었다. "그래도 카디널스 팀의 팬이 될 거죠?"

나는 그럴 것이라고 대답해주었다. 그리고는 어깨를 쭉 펴고 당당하게 사무실을 나왔다. 나는 내가 말했던 것을 실천해야만 했던 것이다. 그렇게 하기가 너무도 어려웠을 경우에도 말이다.

> 벌어지는 일에 대해서는 어떻게 해볼 도리가 없지만,
> 그 일에 어떤 식으로 반응할 것인가에 대해서는
> 어떻게 해볼 도리가 있다.
> 그 상황 자체가 아니라
> 그것을 어떻게 받아들이냐가 바로 차이를 만드는 것이다.

8

자기 자신의 극복
Getting Over Yourself

나는 정말 열심히 노력했다. 나는 충분히 경기를 해낼 수 있다고 생각했다.
나를 그만두게 할 수 있는 것은 오직 나 자신밖에 없었다.
― 짐 애보트

자기 자신을 극복하고 통제할 수 있는 능력이야말로
스포츠가 우리에게 전해주는 가장 귀중한 것이다.
― 올가 코부트

라파엘 콜론은 국제목소리협회의 회장직을 맡고 있는데 현재 내 외국어자문이다. 그의 자동응답기에는 이런 메시지가 들어있다. "인생에서 무엇인가 중요한 것을 얻기 위해서는 현재의 자기 방식을 벗어나는 것으로부터 시작해야 한다."

만화작가 로버트 켈리의 '포고'라는 군대 만화에 똑같은 내용이 다른 방식으로 그려져 있다. "우리가 만나는 적, 그것은 다름 아닌 바로 우리 자신이다."

　나는 스포츠심리학 분야에서 일을 하면서 정말로 많은 사람들이 스스로 무릎을 꿇으면서 자신의 성공을 가로막는 경우를 보게 된다. 참으로 놀라운 일이 아닐 수 없다. 운동선수들은 어느 수준의 기량에 있는가에 상관없이 자신의 운동수행능력을 스스로 저버리는 경우가 많다. 두려움을 느끼고, 의심의 마음을 갖고, 스스로를 비하하는 성격 등으로 인해 선수들은 장애를 만든다.

　1994년 투수 숀 에스테스는 왼쪽 어깨에 수술을 받았다. 하지만 마리너스 구단과의 문제가 더욱 심각했다. "내가 잘했을 때, 저는 제 자신에게 충분한 칭찬을 하지 않았습니다." 그는 이렇게 말했다. "그런데, 내가 잘하지 못했을 때에는, 나는 자신을 지나치게 나무랐습니다." 시즌이 종료된 후 이 왼손잡이 투수는 애리조나지역 2부 리그로 떨어졌습니다. 나는 그 해 겨울동안 숀을 상담해주었다. 자신이 노력해볼 수 있는 것들에 초점을 맞추도록 도와주었다. 실수나 심판의 잘못은 즉시 잊어버려라. 에스테스는 아서 애쉬가 말한 것을 이해할 수 있게 되었다. "우리는 결코 상대방과 시합을 하는 것이 아니다. 우리는 자기 자신과 대적하는 것이다." 에스테스가 일단 자신의 현재 잘못된 점이 무엇인가를 이해하고 난 후, 샌프란시스코 자이언츠 팀으로 이적해서 올스타에 선발되기도 하였다.

사람들이 각자 스스로에 관해 지니고 있는 '자기이미지'는 매우 중요한 역할을 한다. 지그문트 프로이드는 죽기 직전이 되자, 삶의 성공에 있어서 핵심은 사랑과 일이라고 말했다고 한다. 사람은 누구나 사랑받고 싶어하고 일을 잘하고 싶어한다. 자기 자신에 대해서 좋은 이미지를 가지고 있지 않으면, 일을 제대로 해내지 못하는 경향이 있다. 부정적 자기이미지를 가지고 있는 사람은 자기파괴적인 방법을 찾게 된다. 대릴 스트로우베리의 예가 좋은 본보기다. 어떻게 그런 엄청난 재능을 타고났고 많은 성공기회가 주어진 선수가 그렇게도 끊임없이 약물복용으로 자기 자신을 망가트려놓을 수 있단 말인가.

심리학에는 "자기일관성 이론"이라는 개념이 있다. 우리는 각자 자기개념, 즉 자기 이미지와 일관된 방식으로 행동한다는 것이다. 이 책 내내 나는 자기 자신을 긍정적, 성공적으로 바라보는 것의 중요성에 대해서 말할 것이다. 자기 자신을 성취력을 가진 사람으로 보지 않으면, 무엇인가를 성공적으로 성취할 수 있는 가능성이 감소된다. 어떤 좋은 일이 일어나더라도, 그것을 올바로 믿지 않게 되는 것이다.

사람은 누구나 자기패배적 생각과 행동을 갖고 있기 마련이다. 이런 생각과 행동은 각자의 능력에 부정적 영향을 미친다. 나는 이런 생각과 행동을 꼬마도깨비라고 부른다. 이놈들은 운동선수로 하여금 최고의 능력을 발휘하지 못하도록 만드는 작은 괴물들이다. 꼬마도깨비 체크리스트를 한 번 말해보겠다. 낯익은 것들이 눈에 보이면, 해당되는 부분을 주의 깊게 읽기 바란다.

두려움*Fear*

우리 마음 안에는 생존을 위한 한 가지 본능기제(갑작스런 자극에 대하여 자기의 행동반응을 결정하지 못하는 상태)가 들어 있다. 이것은 신경화학적 반응이다. 우리를 위협하는 것에 대하여 대항하거나 혹은 투항 한다. 앞에서 배웠지만, 우리의 신체는 생생하게 느껴지는 이미지를 모두 현재 사실로 일어나는 것으로 지각한다. 그러나 현실적으로는, 대부분의 위험이 생명을 좌지우지하거나 신체적 고통을 가져다주는 그런 정도는 아니다. 거의가 자존심이나 에고에 상처를 입는 것들이다. 도대체 일류 뇌종양외과의사가 1.5m짜리 내리막 퍼팅을 하는 것에 겁을 먹을 필요가 뭐가 있는가? 자기 이미지가 위협받기 때문이다. 두려움은 실제로 우리를 마비시킬 수 있다.

노여움 Anger

사람은 자신의 감정을 조절하는 방법을 배워야 한다. 그렇지 않으면 자기의 감정에 의해 조절당하게 된다. 우리 마음과 육체는 언제나 일관되게 작동하지는 않는다. 스누피가 나오는 '피너츠' 만화를 보면 이런 일화가 있다. 미식축구 시합을 하면서 찰리 브라운이 공을 차려고 한다. 루시가 그 공을 잡고 있다. 찰리가 공을 헛 차자, 루시가 찰리 브라운에게 몸과 마음을 함께 사용해야만 한다고 말한다. 찰리 브라운은 자기 몸과 마음은 서로 이야기를 하지 않은 지 벌써 몇 년째 되었다고 대답한다.

불안감 Anxiety

불안감은 불확실함이나 걱정스러움을 통틀어서 일컫는 말이다. 뭔가 좋지 않은 일이 일어날 것 같다는 느낌이다. 야구의 경우, 연습할 때에는 아주 잘 던지는 것 같은 투수들이 있다. 하지만 경기장의 백색 라인을 넘어 시합장에만 들어가면 무너진다. 우리는 이런 증상을 '백색선 공포증 White Line Fever'이라고 부른다. 사람은 누구나 걱정을 하기 마련이다. 하지만 특히 이 도깨비에 영향을 더 받는 사람들은 걱정하는 것 때문에 걱정하게 된다. 이런 걱정을 하는 것은 결국 문제를 야기시킬 뿐이다.

자의식 Self-consciousness

선수들 중에는 다른 사람에게 잘못 보이는 것을 참지 못하거나 창피를 당하는 것을 견디지 못하는 경우가 있다. 이들은 현재 해결해야 되는 과제에 정신을 집중시키기보다는 다른 사람의 눈에 어떻게 보여질 것인가에 더욱 신경을 쓴다. "잘 보이는 것에만 신경쓰는 선수를 내게 보내보시오. 백전백승해보일 테니." 오지 스미스가 한말이다. 창피당하는 것을 두려워해서는 제대로 실력을 발휘할 수 없다.

완벽주의 Perfectionism

숀 에스테스의 가장 큰 적은 자기 자신이었다. 자신의 플레이에 한 번도 만족한 적이 없었기 때문이다. 자아비판적 성향이 너무 강하고, 부정적인 완벽주의자는 절대로 만족하지 못한다. 이들의 정신은 실패에 대한 두려움으로 인해서 무너지는 경우가 많다. 완벽주의자는 아주 비판적이고 자기 비하적인 태도를 가지고 있다. 완벽주의는 부모의 영향으로부터 발생하는 경향이 많다. 리틀 리그 야구에 참여하는 자식을 둔 부모들은 자녀들에게 하는 부정적인 말이 아이들의 자존감에 어떤 상처를 주는지를 잘 모르고 있다. 이들은 잘못한 어린 선수에게, '바보'라고 말한다. 아이들은 이런 비판을 내면화한다.

두려움과 창피감을 느끼도록 만들면서 비판적이고 꾸중을 잘하는 감독은 아이들의 정신적 건강에 상처를 주는 것이다.

옹고집 *Stubbornness*

사람들 중에는 고집불통인 사람, 즉 새로운 것을 배우려고 하지 않는 이가 있다. 이들은 변화를 받아들이지 않는다. 이들은 자신이 알고 있는 쥐꼬리만한 것이 자기가 모르는 것보다 훨씬 더 낫다고 믿고 있다. 다음 단계로 향상시켜 줄 가능성을 가진 새로운 것을 시도할 위험을 감수하지 않는다. 참으로 불행한 일이다. 스포츠에서는 성공적으로 실패하는 법을 배워야만 하기 때문이다.

동기부족 *Lack of Motivation*

어떤 선수들은 단지 최선을 다하고 싶은 욕구나 동기가 없는 경우가 있다. 동기를 돈으로 살수는 없다. 다른 사람에게 그것을 배달받을 수도 없다. 조 디마지오는 이렇게 말했다. "동기란 그 어떤 사람도 나에게 줄 수 없는 것이다. 다른 이가 나를 동기유발시키는 것을 도와줄 수는 있다. 하지만, 근본적으로 그것은 나 자신으로부터 나와야 하는 것이다." 어떤 상황에도 최선을 다하겠다는 끊임없는 욕구가 있어야 한다.

경쟁심 *Competitiveness*

우리는 모두 경쟁을 좋아한다. 우리는 모두 성장하고 싶고 성공하고 싶어한다. 하지만, 어렸을 적의 실패의 경험으로 많은 사람들은 그 결과 자신감을 잃는다. 이러한 이유로 쉽사리 자신감을 잃고 "해서 뭐해?"라는 태도를 키우게 되는 것이다. 이러한 것을 '학습된 무기력'이라고 한다.

물론 게으른 사람들도 있다. 이들은 노력을 하지 않으려 한다. 매년마다 나는 이런 전화를 받는다 "맥, 당신 말씀을 들었어야 했습니다." 이런 선수들은 대부분 재능을 타고났지만 그것을 최대화시키기 위해서 시간과 노력을 쏟지 않았던 것이다. 이들은 자신의 재능만으로 모든 것이 해결될 것이라 생각하지만, 나중에 그럴 수가 없다는 것을 깨닫게 된다.

주의산만 *Distractions*

어떤 선수들은 아주 복잡한 방식으로 생활한다. 이들은 자신을 규제하고 통제하려 하지 않는다. 약물중독으로 해서 여러 번의 출장정지를 되풀이 한 스트로우베리가 대표적이다. 달라스 카우보이 팀의 선수로 뛰었던 피트 젠트는 이렇게 말한다. "운동선수들은 자기에게 '너는 그런 규칙에서 예외야.'라고 말하는 친구들과 어울려 다닌다." 자신은 밤새도록 파티를 하고 다음 날 바로 경기에 출전할 수 있다고 생각하는 선수는 만유인력의 법칙의 적용을 받는다. 올라간 것은 반드시 내려온다. 야구일 경우 내려가는 것은 통상적으로 타율이다.

끈기 | Persistence

어려운 상황에서도 계속해서 낙관적인 태도를 갖는 것은 쉬운 일이 아니다. 그러나 최고의 성공을 이룬 사람은 자신의 슬럼프를 화려한 컴백을 위한 계기로 삼는다. 이들은 끈기를 지니고 있다. 이들은 지는 것을 받아들이지 않는다. 짐 에보트는 태어날 때부터 오른손이 없는 조막손으로 10년간 메이저리그에서 활동했다. 그리고 노히트노런 게임도 한 번 해냈다. 랜스 암스트롱은 2년 연속 뚜르 드 프랑스대회에서 우승했다 (2003년 현재 5회 연속 우승했다). 슈퍼마켓에서 일하다가 세인트루이스 램스 팀의 쿼터백이 된 쿨트 워너는 슈퍼 볼 경기를 우승으로 이끌었다.

자신의 내면을 잘 살펴보고 방해하는
작은 도깨비를 찾아내는 것이 중요하다.
우리 인생에서와 마찬가지로, 스포츠에서는,
자신의 기존 방식으로부터 벗어나는 것이 성공에의 첫걸음이다.

9

다음 단계
The Next Level

정말로 중요한 것은 (새로운 것을 안 것이 아니라)
그것을 알고 난 후에 무엇을 배웠는가이다.
— 얼 위버

자신의 약점을 키워라, 그것이 강점이 될 때까지.
— 올가 코부트

 몇 해 전 일본에 가서 한 프로야구 팀의 상담을 맡은 적이 있었다. 그동안 내가 가진 스포츠 관련 경험 중 가장 기억에 남는 체험이었다. 오릭스 블루 웨이브 팀에서 일을 하면서 내가 배운 한 가지는 '개선改善'이라는 아이디어였다. 이것은 매일매일 새로운 것을 배우고 진보한다는 것을 의미했다. 이 개념은 스포츠에서뿐만 아니라 비즈니스 영역에서도 전세계적으로 활용되고 있다. 이것은 '미스터 베이스볼'이라는 영화 속에 아주 잘 나타나있다.

톰 셀릭이 이 영화의 주연이었는데, 뉴욕 양키스팀의 강타자로서 1루수였던 잭 엘리오트역을 맡았다. 잭이 오랫동안 슬럼프에서 벗어나지 못하자, 팀의 구단주는 젊은 선수로 대치시킨다. 엘리오트의 매니저는 많은 계약금을 주겠다는 일본에 잭을 보낸다.

잭이 일본에 가서 자신의 새 팀, 드래곤스에 입단신고를 할 때, 그는 일본 팀을 하찮게 생각하는 거만한 태도를 취한다. 월드시리즈 MVP를 받은 적도 있는 이 새 선수는 융통성과 유머라곤 전혀 없는 특무상사 같은 일본인 단장과 사사건건 충돌한다. 미국에서는 야구는 놀이지만, 일본에서는 야구는 일이라는 것이다.

타격훈련 첫 날, 잭은 강력한 파워 스윙으로 공들을 보란 듯이 스탠드로 날려보낸다. 그러자 감독이 투수에게 조금 느린 공을 던져보라고 한다. 자신만만한 엘리오트는 스윙을 하지만 놓친다. 다시 휘두르지만, 치는 것이라곤 허공뿐이다. 단장은 통역담당에게 이렇게 전하게 한다. "당신 배트에 구멍이 났소."

실제 경기를 하기 시작하자, 상대팀 투수들은 빠른 공을 던지지 않는다. 당황하게 된 이 미국인 선수는 그 때까지 아무것도 깨닫지 못한다. 그러다가 자신의 약점을 스스로 인정하고 자기 배트에 난 구멍을 메우려고 결심하게 된다. 영화가 끝날 무렵, 처음 올 때에는 자기가 제일 잘났다고 생각하고 자만에 가득차 있던 잭 엘리오트는, 그때보다 훨씬 더 나은 타자가 되고 완벽한 선수가 된다.

일본 선수들은 자기 자신을 조금 더 잘 알고 자신의 약점을 향상시키는 과정에 충실한다. 하지만 미국 선수들은 결과에 더 관심이 많다. 신인 선수들을 교육시키는 연수회에 가면, 나는 그가 알렉스 로드리게스이건 켄 크리피스 주니어이건 상관하지 않고, 배우는 것에 보다 많은 시간을 투자하라고 부탁한다. 오늘 내가 배울 수 있는 것은 무엇인가? 내일은 어떻게 더 나아질 수 있을까? 기록이나 결과에 대해서 걱정하지 말고, 배우는 것, 성장하는 것, 나아지는 것에 대해서 보다 더 많이 생각하라고 말한다. 배우는 방법을 배우는 것에는 노력이 필요하다.

"야구 경기는 끊임없이 새롭게 배워야 한다."고 애리조나 다이아몬드백스 팀의 에이스투수인 랜디 존슨은 말한다. "야구에 대해서 모든 것을 다 알았다고 생각한다면, 그 즉시 바로 따끔한 맛을 보여준다. 그것도 아주 세게 말이다."

나는 '낙하산 법칙'이란 것을 믿고 있다. 마음은 낙하산과 같다. 열렸을 때만 작용하는 것이다.

실력을 향상시키고 싶은 선수들은 반드시 자신이 가진 장점과 단점을 모두 잘 파악하고 있어야 한다. 그러고 난 후에, 약점을 개선해서 강점으로 전환시키는 노력을 기울여야 한다. 유명한 행크 아론은 자신의 신인 시절을 되돌아보면서 이렇게 말했다.

"나는 타격에 대해서 참 많은 생각을 했다. 언제나 투수들을 연구했는데, 나를 힘들게 만드는 투수를 만났을 때는 더욱 더 많은 연구를 했다. 그가 나를 어렵게 만드는 이유가 무엇이고 그것을 해결하는 방안을 찾으려고 했다. 다저스 팀의 돈 드라이데일은 체인지업을 교묘하게 던져서 나를 힘들게 만들었다. 실제로, 다저스팀 투수들은 모두 그런 구질을 통해서 나를 골탕먹였다. 그래서 나는 첫 시즌을 마친 후 내 동생 토미에게 체인지업 구질의 공들을 던지게 했다. 다음부터는 다저스 팀 투수들은 그런 공을 자주 던지지 않게 되었다."

매직 존슨의 아버지는 자기 아들에게 항상 무엇인가를 배우는 것이 중요함을 가르쳤다. 가장 필요로 하는 영역이 어떤 것인지에 대해 특히 주의를 기울이도록 하였다. "아버지는 언제나 내 상대방이 내 약점을 찾아낼 것이라고 말씀하셨다. 내 실력이 어떤 수준이건 간에, 재빨리 그것을 찾아내서 나를 골탕 먹일 것이라고 하셨다." 존슨은 이런 경우도 회상했다. "아버지는 또 내 약점은 한밤중의 네온사인처럼 금방 눈에 뜨일 것이라고 했다. 내가 왼손으로 드리블을 할 수 없거나, 수비를 게을리하는 버릇이 있다면, 모두 다 그것을 알아차릴 것이라고 하셨다. 농구경기에서는 절대로 숨기지 못한다고 말씀하셨다."

일반 골퍼들은 '드라이빙' 레인지에 들어간다. 실제로는 연습 레인지라고 부른다. 대부분의 사람들은 연습시간의 70%를 얼마나 멀리 공을 보낼 수 있는가에 소모한다. 실제로는 70%의 골프

경기가 핀에서 100m안쪽에서 이루어지는데도 말이다.

제일 좋아하는 것과 잘 하는 것들을 연습하는 것이 사람의 본성이긴 하지만 낸시 로페즈는 이렇게 이야기한다. "실제로는, 나아지기를 원한다면 이것과는 정반대로 해야합니다." 피트 로즈 또한 이렇게 말한다. "정말로 힘든 것은 자신이 잘하지 못하는 것을 잘 하려고 열심히 노력해야한다는 사실이다."

타이거 우즈는 1997년에 마스터스대회 사상 최고타수차로 우승을 함으로써 자기 자신과 자신의 경기실력을 한 단계 높였다. 우즈는 시합 전 자신의 약점을 잘 파악하고 스윙에 아주 미묘한 변화를 주었으며 그로 인해 티에서 보다 정확하고 일관성있는 스윙을 하게 되었다.

나는 고등학교와 대학 시절 테니스 선수였다. 나는 백핸드가 약했었다. 어렸을 때에는 이리저리 잘 뛰어다닐 수 있어서 그것을 보완할 생각을 하지 않았다. 중년이 훨씬 지나는 지금은 그때처럼 잘 뛰지를 못한다. 그래서 지금은 내 백핸드가 포핸드보다 훨씬 좋다.

사람들은 대부분 변화에 저항한다. 편안한 현재 상태에 남아있는 것을 더 좋아한다. 조금 더 나아지기 위해서는 조금 더 나빠져야 한다는 사실은 참으로 역설적이다. 변화를 시도하고 약점을 보완하기 위해서는 완전히 새로운 인식의 전환이 요구된다. 행크 아론이 체인지업 구질에 제대로 대응할 수 있는 연습을 하지 않았다면 어떻게 되었을까? 지금처럼 역사에 남는 그런 위대한 타자가 될 수 있었을까? 그렇지 않았을 것이다.

내가 잘 하는 것은 무엇인가? 내가 잘 못하는 것은 무엇인가? 내 경기능력에는 어디에 구멍이 뚫렸는가? 자신의 진짜 모습에 정직하고 배우는 것에 마음을 열도록 하라. 자신의 약점에 저항하기보다는 그것을 받아들여라. 내 약점을 강점으로 전환시키기 위한 자신의 행동계획을 만들고 실천하도록 하라.

우리 마음은 낙하산과 같다는 점을 기억하라.
우리 마음은 활짝 열려졌을 경우에만 작동한다.
오늘 무엇을 배웠고, 그것이 내일 나를
어떻게 보다 더 나은 상태로 만들어줄 것인가?
자신의 약점이 자신의 강점이 될 때까지 고치고 또 고쳐라.

제 2 부

목표를 설정하라

10

꿈을 지녀라
Good Enough to Dream

이 세상에서 무엇인가를 성취하려고 한다면
반드시 꿈과 목표를 가지고 있어야 한다.
— 루 홀츠

꿈이 되어라.
— 존 채니

1989년, 나는 아버지의 고향인 시카고에 머물고 있던 중이었다. 10월 4일, 아버지께서 좋아하시던 야구경기장의 귀빈석에 앉아있었는데, 그 날 내 입가에는 미소가 떠나지 않고 있었다. 그것은 바로 이러한 세 가지 이유에서였다. 첫째, 시카고컵스 팀이 플레이오프전에 진출한 것이고, 둘째, 리글리 필드 경기장에서 최초로 행해지는 포스트 시즌 야간 경기가 그 이유였다. 가을 문턱의 공기가 느껴지는, 약간은 시원하고 청명한 저녁이었다. 경기장을 밝게 비추는 라이트 불빛처럼 관중들의 분위기도 열광적이었다. 라이트에 비추어서 그랬는지 이 오래된 야구장에는 아주 멋진 기운이 감돌았다.

무엇보다도, 내게 있어서는 경기전 소개를 듣는 것이 가장 멋진 일이었다. 아나운서의 금속성 목소리가 스피커 위로 울려 퍼져나오는 순간에 내가 느낀 행복감은 결코 잊을 수가 없다. "5번 타자, 좌익수 드와이트 스미스…" 세 번째 이유는 이것이었다.

그 소리를 듣고 있자니 내 마음 속에는 4년 전의 어느 날이 스쳐지나갔다. 애리조나주 메사 시, 어떤 모텔의 106호실. 그 날의 일이 모두 떠올랐다. 좁은 방, 촌스런 가구, 누런 빛을 뿜으며 달랑 걸려있는 전구 하나.

내 머릿속에서 나는 그 날 그 장소에 다시 섰다.

메이저리그에 속한 팀은 모두 신인 후보선수들의 능력을 가늠하는 5가지의 기준이 있다. 타격능력, 파워, 달리기 능력, 공잡는 능력, 그리고 공던지는 능력이다. 그렇지만, 선수의 머리와 마음 속에 있는 것은 어떻게 측정할 수 있는가?

1985년 시카고컵스 팀의 신임 카운슬러였던 나의 임무는 스프링캠프에서 훈련을 받는 30여명의 예비후보선수들과 면담을 하는 것이었다. 나는 우리가 묵고 있던 호텔에서 한 명 한 명에게 전화를 걸어 내 방으로 예비 후보선수들을 불렀다.

쭈뼛쭈뼛하면서 30분 간격으로 선수들이 하나씩 차례로 들어왔다. 시골소년, 도시소년, 스페인소년, 캘리포니아소년. 젊은 아이들이 차례차례 들어왔다. 난 침대가에 앉아서 미소를 지으며 나를 소개하고 내 앞 의자에 앉으라고 권했다.

나는 이런 말로 면담을 시작했다. "3년이나 4년 후에 자네가 어디쯤에 있을 것인지 한번 말해주게나." 3, 4년이라는 시간은 야구선수가 메이저리그에서 자신의 성패를 파악하는 일반적 시간이었다.

갸우뚱거리면서 대답을 못하는 친구들이 있었다. 내일 일도 예측 못한다는 것이다. 어떤 친구들은 그렇게까지 먼 장래까지는 생각해보지 못했다고 했다. 대부분의 선수들이 어떤 위치에 있게 될 것인지, 혹은 무엇을 성취하고 싶은지에 대해서 분명한 목표를 가지고 있지 못했다. 자신을 가장 자극시키는 동기유발요인이 무엇인지를 묻자, 한 선수는 이렇게 대답했다. "톨레도 시에 있는 포드자동차 공장이요." 그 친구는 그곳에서 출퇴근카드에 도장을 찍고 싶지 않다는 점은 확실히 알고 있었다.

그런 상황에서 드와이트 스미스가 조용히 들어왔다. 그 때 무슨 옷을 입고 있었는지 잘 생각나지 않는다. 티셔츠에 반바지였던 것 같다. 그러나 그의 미소만큼은 절대로 잊혀지지 않을 정도다. 스미스의 얼굴은 온 방안을 환하게 밝힐 정도였다. 장래에 어떤 희망을 가지고 있는가를 묻자, 그렇게 높은 지명순위를 받지 못한 이 어린 친구는 조금의 주저함도 없이 이렇게 말했다. "선생님, 전 3할대를 치면서 위글리 필드 야구장에 서 있을 겁니다."

남부 캘리포니아주 시골에서 온 이 아이는 외야에서 수비를 보는 자신의 모습을 그리고 있었던 것이다. 더 나아가 그는 시합 전 국가를 부르는 자신의 모습을 눈으로 보고, 귀로 듣고 있었던 것이다. 아무 이야기도 하지 않았는데, 그 순간 스미스는 갑자기 루터 반드로스의 노래를 한 곡 부르기도 했다. 그는 아주 좋은 목소리를 가지고 있었고, 스스로도 그것을 잘 알고 있었다.

드와이트 스미스는 자신의 장래를 아주 분명하게 그리고 있었다. 그의 말을 들으면서 나는 전기에 감전되는 듯한 느낌을 받았다. 나는 그의 자신감에 충격을 받았고, 그가 가진 꿈에 감동되었다.

1989년 스미스는 빅 리그에 진입했다. 그는 그 해 자신의 26번째 생일을 내셔널 리그 신인상을 수상하면서 자축했다. 드와이트는 투표인단 24명 모두의 추천을 받은 유일한 선수였다. 그는 나중에 리글리 필드 야구장과 다른 야구장에서 "스타 스프랭글드 배너"(미국 국가)를 실제로 불렀다. 그는 은퇴 직전 애틀란타 브레이브스 팀에서 선수로 뛰었으며, 포스트시즌에 나가서 월드시리즈 챔피언 반지까지 손에 끼었다.

시카고에서 스미스의 경기를 보려고 비행기를 타고 가는 도중에 이 책을 만들고 싶은 생각이 떠올랐다. 비행기 속에서 나는 내가 성취의 심리학과 성공의 심리학에 관해서 무엇을 배웠는지 종이에 적어보았다. 나는 이런 사실을 깨달았다.

성공한 사람들은 PSO*positive sensory oriented* 즉, 긍정적 감각지향성을 타고났으며, 실패한 사람들은 부정적 감각지향성이다. 드와이트 스미스처럼 긍정적 감각지향성을 가진 사람들은 살아 숨쉬는 것 같은 상상력과 꿈틀대는 것 같은 꿈을 지니고 있다. 마틴 루터 킹 주니어는 "나는 꿈이 있습니다 *I have a dream*"라고 말했다. "나는 좋은 생각이 있습니다 *I have a good idea*"라고 말하지 않았다.

웨이드 보그스는 이미 6살 때부터 언젠가는 메이저리그에서 뛸 것임을 알았다고 말했다. 자니 벤치의 2학년 담임선생님은 커서 무엇이 되고 싶으냐고 자기반 학생들에게 물었다. 벤치는 야구선수가 되고 싶다고 말했다. 친구들은 폭소를 터트렸다. 중학교 2학년 때에도 같은 질문을 들은 적이 있었다. "나는 다시 야구선수라고 말했고, 아이들은 더 큰 웃음을 터트렸죠." 벤치는 이렇게 말했다. "그런데, 고등학교 2학년쯤에는 아무도 웃지 않더라고요."

마이클 조던은 이렇게 말한다. "줄리어스 어빙, 덴젤 워싱턴, 스파이크 리, 마틴 루터 킹 같은 사람들은 (내가 매우 존경하는 사람들인데) 모두가 자신이 만든 자신만의 비전이 있다. 이들은 그 누구도, 무엇도 그 비전을 흐리게 하거나 부수도록 만들지 않았다."

재능을 가진 사람들은 삶을 거꾸로 산다고 한다. 즉, 그들은 미래를 먼저 창조해내고는, 그것에 따라 현재의 삶을 산다는 것이다. 나는 "역 A.C.T."라고 부르는 훈련방법을 가르친다. A는 "현재 상태를 받아들이기^{accept}" 단계다. 자신의 강점과 약점을 이해하는 것이다. C는 "자신이 원하는 상태를 만들어내기^{create}" 단계다. 스와이트 스미스는 자신의 꿈을 가지고 있었다. 나의 꿈은 무엇인가? 눈을 감은 채, 자신이 정말로 되고 싶은 바로 그 상태로 되어있는 자신을 그려보라. 이 원하는 상태가 어떤 것인가에 대하여 글로 적어보라. T는 "그것을 얻기 위해 행동에 옮기기$^{take\ action}$" 단계다. 성공은 한 번에 한 걸음씩 내딛는 여행이다. 그리고, 천리길도 한 걸음부터다.

자신의 꿈이 가지고 있는 힘을 믿어라.
그리고는 역 A.C.T. 원칙을 따르라.
현재 상태를 인정하라. 바라는 상태를 창조하라.
목표설정을 통해서 행동으로 옮겨라.

11

완벽보다는 향상
Progress Not Perfection

나는 목표설정을 가장 중요시한다. 한 번에 한 걸음씩.
이 세상에서 무엇인가를 성취하는 데에 이것 이외의 다른 방법은 없다.
— 마이클 조던

가장 중요한 것은 운동의 과정이다. 결과가 아니다.
— 칼 루이스

두 명의 대학교수들이 몇 해 동안 스포츠를 포함한 다양한 전문영역에서 최고 위치에 오른 수천 명을 대상으로 연구한 적이 있었다. 에드윈 로크와 개리 라탐 박사가 발견한 사실은 성공을 이룬 사람들은 목표지향성이라는 점이다. 이들은 비전을 가지고 있다. 바로 앞에서 설명한 그러한 진짜 같은 꿈을 스스로 만들어낸다. 그리고는 이 같은 비전을 목표설정을 통해서 행동으로 옮겨낸다.

"목표설정*goal setting*"은 개인적 성장과 최고의 능력을 발휘하기 위해서 매우 중요한 기술이다. 아무리 중요성을 강조해도 지나치지 않다. 지금 어느 곳을 향해서 가고 있는지를 모른다면, 가고 싶은 곳이 아닌 다른 곳에 도달하게 될 가능성이 훨씬 높다.

미국에서 가장 성공한 수영코치 중 한명인 딕 하눌라는 이렇게 말했다.

"동기유발은 거의 대부분 목표설정에 의존한다. 코치는 반드시 목표가 있어야 하고, 팀은 반드시 목표가 있어야 하며, 선수들 개개인도 마찬가지다. 아주 실제적이고, 구체적이며, 현실 가능한 목표들이어야 한다. 목표는 이들을 모두 한 곳에 집중시킨다."

목표설정은 미래를 현재로 옮겨 놓아 지금 행동을 실천하도록 하는 한 가지 방법이다. 목표는 실력을 향상시킨다. 목표는 연습의 질을 향상시킨다. 목표는 기대하는 바를 명확하게 드러내며, 향상되고 있음을 볼 수 있도록 함으로써 자신감을 증대시켜준다. 딕 하눌라가 강조하였듯이, 목표는 달성하고자 하는 동기수준을 증가시켜 주기도 한다.

목표설정의 기초적 원리 몇 가지를 살펴보자. 첫째, 결과목표와 함께 반드시 수행목표도 세워야 한다. 수행목표, 혹은 실천목표는 자신이 어떤 조처를 해볼 수 있다. 야구의 경우, 만약 3할대 타율을 치고 싶다면, 연습 시에는 정해진 수효만큼의 공을 쳐야만 한다. 나는 메이저리그 타자들에게 매 게임마다 질 높은 타격에 대해 많은 생각을 하라고 부탁한다. "게임당 2개의 안타를 칠 것이다."는 것보다, "질 높은 타격을 칠 것이다."라는 식의 목표를 정하는 것이다. 배팅의 질을 생각하는 것이 바로 실천목표다. 그러면, 결과는 저절로 따라올 것이다.

둘째, 목표는 도전감을 불러일으킬 정도이면서도 현실적인 것이어야 한다. "경기마다 목표를 정하는 것은 예술에 가깝다."고 골프선수 그렉 노먼은 말한다. "중요한 것은 높지도 않고 낮지도 않게, 가장 올바른 수준에 세우는 것이다. 좋은 목표는 반드시 최선을 이끌어낼 수 있도록 높아야 하면서도, 성취의 희망을 확실하게 가질 수 있도록 현실적이어야 한다." 딕 하눌라는 이렇게 말한다. "목표는 선수를 흥분시킬 정도로 높아야 한다. 그렇지만, 그것을 실제로 분명히 그릴 수 없도록 지나치게 높아서는 안 된다. 목표는 성취될 수 있어야 한다. 다만, 지금 당장에는 성취할 수 없는 것일 뿐이다."

목표설정의 기초원리는 SMART이다. S는 "구체적일 것^{specific}"을 의미한다. 초등학교 선수이거나 고등학생 선수가 3루수가 되었으면 한다고 하자. 그러면 구체적 목표 중의 한 가지는 땅볼 수비기능일 것이다. M은 "측정가능할 것^{measurable}"을 말한다. "나는 매일 내 왼쪽 편으로 100개씩의 땅볼을 받을 것이다." A는 "성취가능할 것^{achievable}"을 말한다. 목표는 손에 넣을 수 있고 자신의 능력 범위 내에 있는 것이어야 한다. R은 "현실가능할 것*realistic*"을 뜻한다. 믿을 수 있는 것이라야 한다. T는 "주어진 시간 내에 이루어질 것*time-bound*"을 말한다. 이것은 성취기간을 말한다. 목표는 유효기간이 있는 꿈이다. 목표는 반드시 달성시기가 필요하다.

나는 선수들에게 일일목표와 단기목표를 세우라고 한다. 장기목표를 성취하는 방법은 그것을 작은 단계로 세부적으로 나누는 것이다. 효과적으로 목표를 세우는 법은 계단오르기와 같다. 각 계단은 실행 단계이다. 조금씩 향상되어가는 것이다. '가랑비에 속옷 젖는다'와 같은 속담처럼 말이다.

하루는 NFL의 어떤 팀 단장으로부터 전화가 걸려왔다. 매우 걱정어린 말투로 그는 지명순위 1번을 받은 자기 팀의 신참 쿼터백이 잠을 잘 못자고 있다고 말했다. 밤이 되면 잠을 자기 위해서 술을 마실 정도이며, 그로 인해 또 다른 문제들이 발생하고 있다고 했다. 그래서 그 선수와 일정기간 동안 상담을 하기로 했다. 나는 그 자리에서 목표를 세운 것이다.

첫 번 상담에서 그 선수는 내게 마음을 많이 보여주었다. 그는 5년 계약과 연봉에 대해서 말했다. 팀이 자기에게 공격팀을 이끌어서 플레이오프전에 진출해주기를 기대하고 있다고 말했다. 이사진, 감독과 코치진, 팬들 모두가 자신에게 잔뜩 기대를 하고 있었다. 이 선수가 느끼는 책임감이 도를 넘어 있었던 것이다.

이 신인선수는 '무조건 해야만 하는 것들'의 목록을 가지고 있었다. "무조건 이건 해야 돼. … 저것도 무조건 해야 돼." 그는 모든 것을 단번에 이루어야 한다고 생각하고 있었다. 그는 미래를 걱정했다. 자신은 그것에 아무런 조처도 가할 수 없는데도 말이다. 나는 그와 서로 머리를 맞대고 5개년 계획을 만들었다. 그리고 그 계획을 서로 연결된 작은 단계들로 나누었다. 우리는 단기계획을 세웠고 구체적 목표를 세웠으며 SMART 목표를 세웠다.

상담을 하고 나자 그 신인선수는 완전히 다른 사람이 된 것 같았다. 그리고 새로운 힘을 얻은 것처럼 느꼈다. 그는 실현가능한 실천계획이 있었고, 따라서 스스로 통제를 할 수 있는 것처럼 느껴지고 있었다.

우리가 가진 가장 큰 두려움 두 가지는 능력이 미치지 못할 것에 대한 두려움과 모르는 것에 대한 두려움이다. 작은 목표들을 정하고 성취해나가는 과정을 통해서 그 선수는 긍정적 피드백을 얻고 잘 해나가고 있다는 동기유발을 가지게 된다. 나아지는 것과 함께 자신감도 상승했다.

마이너 리그에서 선수생활을 할 당시, 어떤 신인 다이아몬드백스 팀 투수가 긴급전화를 해왔다. 그는 공포상태에 빠져있었다. 내가 무엇이 잘못되었는지 묻자, 그는 실망을 넘어 매우 낙담하며 말했다. 시즌 초반에는 5전 4승으로 경기를 잘 풀어

나갔지만, 그 이후로는 연속 3경기를 패하면서 무엇인가 크게 잘못된 것 같다고 했다. 이 어린 선수는 선수생활 동안 이런 식으로 패한 적이 한 번도 없었던 것이다. 그런데 이런 상황을 맞아 프로 야구 세계에서 미래가 안 보인다는 두려움에 싸인 것이다.

나는 차분하게 몇 가지 질문을 던지기 시작했다. 시즌 초반과 비교해서 3연패 했을 경우의 출루율은 얼마인가? 초반 투구는 어떤가? 그의 패율은 낮았으며 초반투구에서도 스트라이크가 훨씬 더 많았다.

나는 그에게 지금 향상되고 있다고 말해주었다. 즉, 개인적으로는 좋은데, 단지 경기의 최종결과가 나빴던 것이다. 나는 그에게 자신은 자기의 그런 기록에 아무런 통제능력이 없음을 알아듣도록 설명했다. 그가 자신의 힘으로 해볼 수 있는 것은 자신의 평균자책점, 삼진율, 그리고 안타수뿐이다. 그는 완벽한 투수가 될 필요가 없었다. "향상을 추구해야지, 완벽을 좇아서는 안된다." 그에게 이렇게 말했다.

스포츠에서 얻고자 하는 것이 무엇인가? 목표를 세우기 시작하면서 모든 것이 시작된다. 목표가 무엇인가? 목록을 만들어보라. 그리고 그것을 적어보라. 자신의 꿈을 행동으로 옮겨서 현실화시키는 바로 첫 번째 단계가 바로 이것이다.

목표는 유효기간을 가진 꿈이다.
목표설정을 통해서 자신의 비전을 행동으로 전환시켜라.
완벽이 아니라 향상을 추구하라.

12

철저히 노력하라
Don't Shirk the Work

재능이 넘치는 사람은 아무도 없다.
몇몇의 경우를 제외하고는,
최고의 선수들은 모두 가장 열심히 노력하는 선수들이다.
― 매직 존슨

열심히 노력하면 할수록 지기가 점점 더 어려워진다.
― 빈스 롬바르디

    나는 6년 동안 NFL 카디널스팀의 훈련캠프가 위치한 플래그스태프 시의 산 속에서 여름을 보냈다. 해발 약 2000m에서 소나무 냄새가 나는 공기를 들이마시면서 선수들은 다가올 시즌의 힘든 경기들을 정신적, 육체적으로 준비하기 시작한다. 7월의 맑은 햇살 속에서 신인선수들은 주전이 되기를 잔뜩 기대하면서, 선임들은 잘려나가지 않기를 심히 바라면서 뛰고 달리며 고된

훈련을 이겨낸다.

이기기를 원하지 않는 사람은 아무도 없다. 운동선수는 모두가 이기기를 바란다. 그렇지만 실제로 이기는 사람은 이런 사람들이다. 승리가 요구하는 그런 희생을 기꺼이 바치는 것과 단순히 희망하는 것 사이의 차이점을 깨닫는 사람이다. 해발 약 2000m의 높은 고도에서 며칠간 훈련을 하고 나면, 나는 선수들의 눈 속을 들여다보고, 바디 랭귀지를 간파해 내고, 꿈을 실현하는 데에 필요한 대가를 지불하기로 굳게 결심한 선수가 누구인지를 말할 수 있게 된다. 리키 프로엘은 그런 선수들 가운데 하나였다.

내가 리키를 처음 본 것은 그가 웨이크 포레스트 고등학교를 졸업한 1990년이었다. 그는 인디애나폴리스 시에서 열린 NFL 합동 스카우트회에 참석하고 있었다. 그 합동회에는 수백 명의 예비프로선수들이 모여서 봄에 있을 지명전에 앞서 인터뷰하고, 체격을 측정하고, 체력 검사를 하는 등 여러 가지 측면들을 평가받고 있었다.

카디널스 팀의 상담역을 맡고 있던 나는 수십 명의 선수들을 인터뷰했다. 나는 리키 프로엘을 보는 즉시 그가 마음에 들었다. 뉴 저지주 출신의 이 어리고 총명한 청년은 통상적인 NFL 유형의 선수가 아니었다. 대부분의 스카우터들은 그가 체구가 너무 작고 프로경기에서 필요로 하는 빠른 다리도 가지고 있지 못하다고 생각했다. 하지만 나는 그의 태도가 마음에 들었고, 그의 자신감에 놀라웠다.

프로엘은 웨이크 포레스트 고등학교 재학 시 3년 내내 최고의 리시브 기록을 차지했다. 그 학교 역사상 최고의 리시브 기록을 세우기도 했다. 프로엘은 NFL에서 활약하는 자신의 모습을 확신했다. 드와이트 스미스가 시카고 컵스 유니폼을 입고 위글리 필드 야구장에 서있는 모습을 그렸듯이 말이다. 애틀랜틱 코스트 컨퍼런스에서 프로엘과 함께 시합을 한 적이 있는 다른 예비선수들도 그의 성실성에 대해서 증언해주었다. "정말 완벽한 지점으로 달려갑니다." "진짜 선수예요. 절대로 포기하지 않습니다."

나는 프로엘이 맘에 들었고 카디널스 팀에서 그를 지명하기를 바랐다. 카디널스 팀 3회전에서 그를 선발했다.

10년 후 NFC 선수권대회 4쿼터 후반, 세인트루이스램스 팀이 기회를 잡았다. 탐파베이 팀을 6대 5로 바짝 쫓고 있었다. 경기 시간은 5분이 채 남지 않았다. 램스 팀의 쿼터백이던 쿨트 워너가 작전명령을 내렸다. "플렉스 왼쪽, 스모크 오른쪽, 585 에이치-초이스"

눈 깜박할 사이에 램스 팀의 4번째 리시버가 왼쪽으로 내달렸다. 그는 두 눈을 크게 뜨고 돔 조명쪽으로 올려다보았다. 미식축구공이 그대로 날아오고 있었다. 그 리시버는 오른손으로 수비 한 명을 밀어제치고 왼손으로 그 공을 잡았다.

터치다운. 그 30야드짜리 캐치를 잡아냄으로써 램스 팀은 시합을 이기고, 곧바로 수퍼볼 대회에 진출하게 된다. 그리고 그 공을 잡았던 87번 선수 리키 프로엘을 『스포츠 일러스트레이티드』지 표지모델로 올리게 된다.

"지난 10년 동안 NFL에서 시합을 하면서 내가 꿈꾼 것이 바로 이겁니다."

그날 프로엘이 한 말이다.

웨이크 포레스트 고등학교에서 온 그 소년은 카디널스 팀에서 방출되어 시애틀의 별 볼일 없는 팀으로 갔다. 그 후 다시 시카고의 하위 팀에 건네졌다가, 세인트루이스에 있는 4승 12패 전적의 팀으로 옮겨졌다. 그랬던 그가 트랜스 월드 돔을 한 바퀴 돌고 난 후, 조지 할라스 NFC 선수권대회 트로피를 거머쥔 것이다.

플로리다 대학의 라스 앤더스는 <반성적 훈련>이란 제목의 글에서, 어떤 한 가지 전문기능을 가지기 위해서는 10년의 훈련 기간이 소요된다고 주장하고 있다. 리키 프로엘은 마치 하루 사이에 유명인이 된 것처럼 보이지만 사실 10년이라는 오랜 기간의 꾸준한 노력이 필요했던 것이다.

우리 인생에서와 마찬가지로, 스포츠에서는 온몸과 마음을 다 바치는 열정을 대신할 수 있는 것은 아무 것도 없다. 빈스 롬바르디는 그것을 "마음의 힘*heart power*"라고 불렀다. 명예의 전당에 이름이 올라가 있는 이 미식축구 감독은 이렇게 말한다.

"만약 우리가 자신을 철저히 믿고, 용기, 결의, 헌신, 의지를 가지고 있고, 인생의 가치 있는 것을 얻기 위해서 하찮은 것들을 희생하고 그 댓가를 치를 수만 있다면, 그렇게 될 수 있다. 사람이 어떤 것에 대해 몸과 마음을 헌신하기를 마음먹었다면… 할 수 있는 최대한의 노력을 쏟아 부어야만 한다. 이런 정도의 굳은 결심과 노력을 한다면, 그가 성공할 수 없도록 막을 수 있는 것은 아무 것도 없다. 사람은 자신이 바라는 만큼만 위대해질 수 있다."

유명한 타자인 토니 그윈의 말을 한 번 들어보라. "자기 자신을 속이고 팀에서 방출되지 않을 정도만 하는 것은 쉽다. 그것은 누구나가 할 수 있는 일이다. 그러나 성공하고 싶거나 그 성공을 유지하고 싶은 사람은 그것보다 조금 더 노력을 기울이고 조금 더 열심히 해야 한다."

로드 카루는 하느님으로부터 천부적 재능을 물려받았지만 게으름을 피우는 야구선수들을 많이 보았다고 말한다. "이런 선수들은 얼마 가지 못한다. 반면 재능은 없지만 빅 리그에서 14년, 15년씩 선수생활을 하는 이들을 많이 보았다. … 성공하려면 열심히 노력할 자세가 되어 있어야 하는 것이다."

안드레 아가시는 세계 1위에서 114위까지 순위가 떨어졌다.

자기 순위를 다시 되찾기로 굳게 마음먹은 아가시는 신체적 조건을 최상으로 만들어 누구도 이길 수 없도록 준비시켜 놓겠다고 스스로에게 다짐했다. "열심히 노력해서 다시 예전 같은 상태로 만들어 놓아야만 한다. 그렇지 못하면 또 어두운 날을 맞이하게 될 것이다." 아가시가 눈부신 복귀전을 펼치는 것을 보았다면, 그가 자신의 최대 적인 피트 샘프라스를 이기기 위해서라면 코트에서 쓰러질 때까지 서있을 수 있다는 마음을 먹었음을 쉽게 알 수 있었을 것이다.

롭 에반스는 올 미스 대학의 농구팀을 혁신적으로 변화시켜 놓았다. 그는 지금은 애리조나 주립대학의 감독을 맡고 있지만, 여전히 자기 선수들에게 이렇게 말한다. "너희들은 마이클 조던처럼 뛰어나지 않을지 모른다. 하지만 너희들이라고 조던과 같은 열정과 노력으로 시합에 임하지 말라는 법은 없다. 너희 각자의 재능이 어떤 수준인가와는 상관없이, 너희들은 언제나 열심히 노력할 수 있다."

나는 어떠한가? 온 정신을 집중해서 이 책을 읽고 있는가? 각 내용을 흥미삼아 읽는 것도 나쁘지는 않다. 하지만 각 내용으로부터 실질적 효과를 얻으려면 실천하겠다는 의지와 노력이 필요하다. 신체적 기술과 마찬가지로, 심리적 기술은 실제로 노력할 경우에만 향상된다.

내가 좋아하는 인용구가 있다. 은퇴한 테니스선수인 비욘 보

그가 한 말이다.

"매일 학교 끝난 후에 스톡홀름까지 가는 기차를 수없이 타고 집에 가던 시절이 생각난다. 집에 늦게 도착해서 공부를 하고, 다시 아침에 일어나서 학교에 가고, 다시 기차를 타고, 늦은 시간 집에 도착하고… 오랫동안 그렇게 지내왔다. 그런 생활을 통해서 나는 많은 것을 얻을 수 있었다. 하지만, 내가 좋은 결과를 얻지 못했더라도, 챔피언이 되지 못했을지라도, 나는 내가 그때 최선을 다했다는 사실을 잘 알고 있다. 나는 열심히 노력했다. 나는 기차를 타고 통학을 하면서 최선을 다했다."

나는 지금 나의 기차를 타고 있는가? 제 갈 길로 가고 있는가? 그렇지 않다면, 내 앞길에는 무엇이 놓여있는가?

하룻밤에 유명해지기 위해서는 수년간의 노력이 필요하다.
그것을 위해 온몸과 마음을 바칠 준비가,
그 댓가를 지불할 준비가 되어있는가?

13

치명적 방심
Fatal Distractions

방해물이란 목표로부터 눈을 돌렸을 때 시야에 들어오는 것이다.
— 짐 레페브레

시합을 할 때는 주의를 산만하게 하는 모든 방해물을 극복하고,
집중되어 있어야 한다.
— 레지 잭슨

나바호족 언어로 그의 이름은 "거의 다"라는 뜻이다. PGA 투어 첫 시즌이 끝나갈 무렵, 골프계는 노타 비게이를 주목할 만한 신예로 지목하기 시작했다. 본토박이 미국 인디언인 비게이는 1999년 2개 대회에서 우승했다. 스탠포드 대학에서 타이거 우즈와 함께 아마추어 선수생활을 했던 이 젊은 친구는 경제학 학사 학위를 취득했다. 그리고 자신의 동족들에게 영웅이 되었으며 많은 영감을 불러일켜주었다.

뉴 멕시코 주 알부커퀴 시에서는 '노타 비게이의 날'을 제정함으로써 그의 명예를 드높여 주기도 하였다. 그러나 2개월 후, 이 27살의 청년은 음주운전으로 체포되면서 신문의 머릿기사를 장식했다. 그는 또 뉴 멕시코 주의 판사에게 애리조나 주에서 이미 있었던 음주운전 전력을 실토했다. 그는 구류 7일을 선고받았다. 벌금과 함께 사회봉사를 명령받았다.

비게이는 정직하게 이 사실을 받아들였고, 모든 책임을 자신에게 돌렸다. 그리고 청소년 클리닉에 참가한 학생들에게 이렇게 말했다.

"너희들은 지금 감옥에 가게 될 사람을 보고 있다. 내가 겪는 이런 상황을 너희들은 절대로 겪지 않았으면 좋겠다. 나는 정말로 바보같은 행동을 했고, 그 결과에 대한 책임을 감수하고 있다."

바로 얼마 전 ESPN 스포츠방송으로부터 전화 한 통을 받았다. 휘닉스시에 있는 소속 라디오 방송국에서 나와 인터뷰하고 싶다는 내용이었다. 스포츠 심리나 경기력 향상에 대한 내용과 관련된 것이 아니라, 스포츠 분야에서 보게 되는 온갖 종류의 눈살 찌푸리는 상황들에 대해서 알고 싶다고 했다.

신문의 스포츠란에는 정말로 얼굴 빨개지고 비극적인 기사들이 실린다. 약물남용으로 인한 출장정지, 선수 가정폭력, 자식양육권을 둘러싼 소송, 무기를 사용한 범죄, 음주운전 소송, 사망

사고 등등. 여러 프로 스포츠팀에서 상담을 해온 나는, 바보 같은 행동과 실수로 인해서 자신의 명예와 장래에 치명적 영향을 입힌 많은 선수들을 알고 있다. 이러한 것들이 바로 '치명적 방심'이라는 것이다.

목표설정에 관해 서두에서 말했듯이, 나이가 몇 살이고 어떤 종목을 하느냐에 상관없이, 인생에서 성공하고 꿈을 실현시키고 싶다면 반드시 시간과 에너지를 총력적으로 투자해야만 한다. 선수로서, 그리고 한 인간으로서 가진 잠재력을 최대한으로 성취시키기 위한 한 가지 열쇠는 목표로부터 멀어지게 만들 수 있는 그러한 방심요인들을 피하는 것이다.

전설적인 명성의 투수였던 세첼 파이그는 이런 말을 한 적이 있다. "사회에서 말하는 악덕들을 멀리하라. 사회적 범죄는 마음을 불편하게 한다." 세첼은 자기의 충고를 스스로 잘 지켰다. 그리고 이 충고는 지금까지도 받아들여지고 있다.

나는 매년 추수감사절 주말에 올랜도 시에 위치한 디즈니 월드에서 열리는 그리피 국제 야구캠프에서 수백 명의 청소년들을 상대로 강연을 한다. 그 캠프에서 하는 활동 중에 언제나 청소년들로부터 열광적인 반응을 얻는 한 가지가 있다. 나는 가짜 뱀 한 마리를 가지고 가는데, 아주 진짜처럼 생겼다. 혀를 낼름거리기도 하고 팔에 몸을 감는 동작도 한다. 청소년들 앞에 서서는 가방에 손을 넣어 뱀을 끄집어내고는 모두가 볼 수 있도록 높게

쳐든다. 이 모습을 본 아이들은 이내 곧 비명을 지른다. 그리고 나는 학생들에게 이렇게 얘기한다.

"학교에 누가 마약을 가져온다면, 여러분은 지금처럼 반응해야 합니다. 마약은 이 독사처럼 아주 맹독을 지니고 있습니다." 스포츠에는 Yes, 마약과 담배에는 No라고 말해야 한다.

올림픽 6관왕인 칼 루이스는 마약에 관해서 알아야할 세 가지가 있다고 한다. "첫째는 마약을 하면 자신의 잠재력을 절대로 모르게 된다는 점. 둘째는 건강이 나빠진다는 점. 그리고 셋째는, 마약을 하면, 자신을 포기하게 된다는 점이다."

나는 조 가라지올라를 매우 존경한다. 메이저리그 포수이자 방송인이었던 가라지올라는 연기없는 담배를 반대하는 캠페인에 적극적인 지지를 보내고 있다. 가라지올라의 절친한 친구였던 빌 터틀이 오랫동안 씹는 담배를 물고 있어서 구강암에 걸렸기 때문이다. 애연가인 브렛 버틀러도 목 안에서 악성종양을 제거하는 수술을 받아야만 했다. 조는 메이저리그 선수들에게 담배가 건강에 미치는 영향과 그들의 습관이 아이들에게 미칠 영향에 대해서 각성시키기 위한 모든 노력을 기울이고 있다.

한편 선수들은 온갖 종류의 기능성 보조약품들을 시중에서 손쉽게 구입할 수 있다. 휘닉스 선스팀의 포워드 톰 구그리오타 선수는 1999-2000년 NBA 시즌기간 동안, 소화보조약품을 한 가지 먹었다. 고등학교 시절 친구가 숙면에 도움이 된다고 주었다는 것이다. 구그리오타는 포틀랜드에서 열린 경기에 참가한 후, 돌아오는 버스에서 경련을 일으켰으며 이로 인해 잠깐 동안 호흡이 멈추었다. 급히 병원으로 후송되었고 호흡보조기를 착용했다. 그리고는 이렇게 말했다.

"잘 알지도 못하는 약을 먹었던 게 잘못입니다. 그래서는 안 되는 것이었죠. 하마터면 약값으로 제 목숨을 지불할 뻔 했습니다."

무리를 따르지 말고, 목표를 따르라. 올림픽 수영 금메달리스트인 자넷 에반스는 이런 말을 한다. "때로는 저도 파티에 가는 친구들이 너무 부러웠어요. 그런데 저는 자러 가야 했죠. 하지만 친구들은 항상 파티가 그렇게 재미있지는 않다고 말했어요. 내가 못 겪어본 재미가 뭐든지 간에, 전 그에 대한 보상을 받았어요. 올림픽 대회에 출전해서 금메달 3개를 따는 아이들이 몇이나 있겠어요? 그에 대한 훨씬 큰 보상을 받은 거지요."

농구 스타 케빈 존슨은 청소년 시절 매일 밤 체육관에서 연습을 했다. 어느 날 저녁, 관리아저씨가 이렇게 말했다.

"케빈, 토요일 저녁인데 너는 다른 아이들처럼 파티에 안 가니?"

존슨은 이렇게 대답했다.

"파티는 제가 가고 싶은 곳으로 저를 데려다 주지 않아요."

선수들은 자기 자신, 자기 가족, 혹은 자기 팀을 난처하게 만드는 행동은 하지 말아야 한다. 조 깁스는 워싱턴 레드스킨스팀

감독 재임 시, 수퍼볼 경기에 출전해서는 이런 식으로 선수들을 가르쳤다. 깁스의 부감독을 맡은 적이 있던 조 부젤은 애리조나 카디널스 팀의 감독으로 부임했을 때, 가장 먼저 따라야 할 규칙으로 삼았다고 말한다.

그리고 자신을 보다 나은 사람으로 만들어주는 사람들과 함께 지내야 한다. 휘닉스 선스팀의 기대주인 리처드 두마스는 약물 남용 문제로 고민하고 있었다. 시즌이 끝난 후 고향인 털사 시로 돌아가서 옛친구들을 만났을 때 문제에 빠지게 되었다. 자신의 목표를 성취하게 위해 바른 길로 가기 위해서는, 때로 오래된 친구들과의 우정을 보류해야 하는 경우가 있기 마련이다.

또한, 문제거리로부터 등을 돌릴 수 있을 정도로 큰 마음을 가져야 한다. 이것은 많은 운동선수들의 목표가 된다. 브랜치 리키는 전설적인 선수 재키 잭슨이 했던 말을 상기시킨다. "나는 문제를 해결할 수 있는 큰 능력을 가진 사람이 필요없다. 내게 필요한 것은 문제를 피해갈 수 있는 큰 능력을 지닌 사람이다." 최근에 어떤 선수들은 무기로 무장을 한다. 내 개인적 생각으로는, 무기를 지니고 다니는 것으로부터는 그 어떤 좋은 일도 생기지 않는다.

뿐만 아니라 술을 지나치게 마시지 말아야 한다. 골프 선수 존 댈리는 술로 인해서 개인생활과 선수생활이 완전히 망가져버린 한 예에 불과하다. 댈리는 음주로 인해서 이혼까지 하고, 수

백만 달러에 달하는 광고 및 후원계약을 놓쳐버렸다. 전 사이영상 수상자인 드와이트 구든은 이렇게 말한다. "나는 이제 깨달았다. 내 강속구를 망쳐버린 것은 바로 술이었다는 것을." 특히, 음주운전은 애리조나 다이아몬드백스팀의 유망주이던 한 젊은 선수의 목숨을 앗아갔다. 만약 여러분들이 법적으로 술을 마셔도 되는 나이라면 누트 로크네의 규칙을 따를 것이다. "첫 잔은 마시고, 둘째 잔은 입만 대고, 셋째 잔은 거절하라."

마지막으로 자신의 생명과 행동에 대한 책임감을 가져라. 성공한 운동선수들의 대부분은 사회의 법이 자신에게는 적용되지 않는다고 생각하고 있다.

무엇을 찾는가는 어느 쪽을 보는가에 달려있다.
자신이 세운 목표에 정신을 집중하고 치명적 방심을 피하라.
약물에는 고개를 돌리고 목표로는 마음을 돌리라.

14

운명이 사랑하는 것
Fate Loves the Fearless

> 결국, 결정적인 것은 자신의 철학이다.
> 안전 위주로 경기를 하고 좋은 선수가 되고 싶은가,
> 아니면 위험을 무릅쓰고 위대한 선수가 되고 싶은가.
> — 지미 존슨

> 결론은 이것이다. 질 것을 걱정할 필요는 없다는 것이다.
> — 제리 콜란제로

야구계에는 이런 속설이 있다. 1루에 발을 두고는 2루로 도루할 수 없다. 이 금언을 들을 때마다 나는 리키 헨더슨이 생각난다. 1루에 발을 살짝 떼고 있다가 눈치 채지 못하게 조금씩 조금씩 벗어나서는, 투수의 동작을 면밀히 관찰하면서 기회를 포착한다. 아웃되는 것을 겁냈더라면 헨더슨이 메리저 리그에서 최고 도루왕이 될 수 있었을까? 베이브 루스는 어떤가? 스트라이

크 아웃되는 것을 두려워했다면 714개의 홈런을 칠 수 있었을까? 사실 그는 1330번의 삼진 아웃을 기록했었다.

이 질문에 대한 대답은 물론 명백한 '아니오'다. 하지만 그 어떤 요인보다도 이 실패에 대한 두려움은 스포츠 선수들뿐만 아니라 인생의 모든 영역에 있는 사람들이 각자가 가진 최고의 잠재능력을 펼칠 수 없도록 만든다. 즉, 두려움은 선수가 승리하지 못하도록 하는 조건을 만들어내며, 상대선수보다 더 큰 장애요소가 되는 것이다.

전 피츠버그 스틸러스팀의 감독이었던 척 놀은 이렇게 말한다. "실패에 대한 두려움은 선수를 꼼짝 못 하게 할 수 있다. 그것은 선수를 죽일 수도 있다. 실패할 것에 대해서 끊임없이 걱정을 하게 되면, 그 선수는 지나치게 긴장을 하게 되고 그래서 실패를 하게 된다."

스포츠의 패러독스 가운데 한 가지는 실패에 대한 두려움은 실제로 실패가 더 잘 일어나도록 만든다는 점이다. 놀도 말했지만, 실패에 대한 두려움은 자신을 위협하고, 나를 잠식하여, 온 몸을 결박시킨다. 실패에 대한 두려움은 근육긴장과 호흡과다를 유발시키며, 지나친 스트레스가 발생하여 근신경계에 과도한 부하를 만든다. 또한 두려움은 선수들이 안전하게, 그리고 소심하게 경기하도록 만든다.

이런 흥미로운 실험을 한 번 해보라. 실패에 대한 두려움을 많이 느끼는 사람을 한 명 선정하라. 종이 여러 장을 구겨서 둥그렇게 만들고, 그것을 세 지점에서 휴지통에 던져 넣으라고 해보라. 휴지통 1m 뒤, 5m 뒤, 그리고 10m 뒤에서 각각 던져보라고 하라. 실패감을 두려워하는 사람들은 5m에서 긴장을 가장 많이 하는 것으로 나타났다. 1m 뒤에서는 성공할 것을 확신하기 때문이며, 반면 10m 뒤에서는 성공할 확률이 없기 때문이다. 5m에서는 종이로 만든 공을 휴지통에 넣어야 한다고 생각하지만, 그렇지 못할 가능성이 있다는 것을 알기 때문이다.

골프에서도 이런 상황을 목격할 수 있다. 불가능할 것 같은 10m짜리 퍼팅을 해야할 때가 되면, 골프선수는 1.5m짜리 퍼팅보다 훨씬 더 편안한 마음으로 하게 된다. 왜 그럴까? 실패할 것이 두렵기 때문이다. 실패하는 것이 두렵지 않을 때, 선수는 성공할 확률이 높아지는 것이다.

그렇다면 선수들이 느끼는 이 두려움은 어디로부터 오는 것일까? 대부분의 경우, 실패에 대한 두려움의 이면에는 완벽주의가 있다. 사회에서도 이런 완벽주의를 강화시킨다. 아주 어렸을 때부터 학교에서는 우리가 잘한 것보다는 못한 것이 무엇인가를 주지시킨다. 대학원 재학 시절 나를 담당했던 상담가에게 내가 완벽주의자라고 말한 적이 있다.

"오 그렇군. 게리, 자네가 무엇에 완벽한지에 대해서 한 번 말해보게."

보석전문가들이 가짜 에머랄드와 진짜 에머랄드를 어떻게 구별하는지 아는가? 가짜는 티끌도 없이 깨끗하며 완벽하게 되어 있지만, 진짜 에머랄드는 티가 있다. 대부분의 우리는 그 누구도 완벽하지 않다.

성공하고 최고가 되고 싶은 욕망의 바탕에는 매우 비판적이고 완벽하며 단정적인 목소리가 깔려 있는 경우가 많다. 이 내면의 목소리는 우리의 자아를 정신적으로나 정서적으로나 꼼짝 못하게 한다. 우린 이미 숀 에스테스로부터 이 사실을 배운 적이 있다. 그는 자신이 인내심이 모자란 완벽주의자임을 깨달았다.

릭 울프가 클리브랜드 인디안스팀에서 선수생활을 할 때 한 신문에 완벽투구 신드롬에 관한 글을 쓴 적이 있다. 트리플 에이 리그에서 성공적인 경기를 펼쳐서 메이저리그로 불려올려진 투수의 경우에 나타난다고 한다. 자신의 본래 실력을 신뢰하는 대신에, 이 선수는 빅 리그 타자들을 모두 완벽하게 잡아내야 한다고 생각한다. 그래서 그는 플레이트의 코너로만 공을 아슬아슬하게 던진다. 빅 리그에 새로 온 신참이기 때문에, 심판들은 호의적인 판정을 내리지 않는다. 투수가 구석으로 공을 더 던지려고 하면 할수록, 볼 카운트는 그에게 더 불리하게 불려진다. 볼 카운트가 투수에게 불리하게 될수록, 타자에게는 더욱 유리한 상황이 되게 된다. 첫 번째 공이 스트라이크일 때, 메이저리거의 타율은 2할이 되지 못한다. 반면 볼일 때, 타율은 3할을 훨씬 넘어간다.

어떤 사람들에게는 완벽주의가 우유부단한 행동으로 표출되기도 한다. 우물쭈물하는 사람들은 아무 것도 하지 않는다. 아무 것도 하지 않음으로써 이들은 실패하지 않는 것이다. 하지만 이러한 행동은 자기를 패배시키는 악순환일 뿐이다.

두려움은 사람들로 하여금 위험을 무릅쓰지 않도록 만든다. 그런데 어떤 때는 가장 위험한 행동이 아무런 위험도 무릅쓰지 않는 경우도 있다. 제리 콜안젤로가 만약 실패를 두려워했다면 스포츠계에서 가장 성공한 기업가가 되지 못했을 것이다. 제리는 자기가 자라난 시카고 빈민가를 떠나서 일리노이 대학에서 농구선수를 하고, 서부로 건너와 황량한 사막도시에서 휘닉스 선스라는 새로운 NBA팀을 만들었다. 만약 콜안젤로가 위험을 무릅쓰지 않았다면, 휘닉스 시내에 아메리카 웨스트 아레나라는 거대한 야구장이 생겨나지 않았을 것이고, 애리조나 주는 메이저리그 야구팀을 보유하지 못했을 것이다.

테니스 선수인 빌리 진 킹은 실패에 대해서 굉장히 훌륭한 말을 한 적이 있다. 운동선수들은 실패를 피드백으로 생각해야 한다는 것이다. 투수 그렉 메덕스 역시 이런 말로 표현했다.

"실패는 이 세상에서 가장 훌륭한 선생이다. 그것이 나쁜 것이건 좋은 것이건 간에. 우리는 실제 게임에서 우리에게 생긴 일로부터 배워야만 한다. 투수생활을 하는 동안 나는 무수히 많은 홈런을 맞았다. 이것은 내가 많은 실수를 했다는 것을 말해준다.

하지만 난 그것으로부터 배워야만 했다. 어떤 공은 먹혀들어가지 않는다는 사실을 타자들은 아주 재미있는 방식으로 투수들에게 말해주는 것이다."

배우는 것에 실패하는 것은 실패하는 것을 배우는 것이다. 실패를 피드백으로 볼 수 있게 됨으로써 우리는 다른 기분을 느낄 수 있게 된다.

마이클 조던은 두려움을 착시라고 부른다. 그와 다른 많은 훌륭한 선수들은 두려움을 노여움으로 전환시키는 방법을 배웠다. 우리는 두려움을 무서워해서 도망칠 수도 있고, 아니면 그것에 대해 노여워하면서 그것을 공격할 수도 있다. 시합 도중 조단에게 위협을 가한다면 그는 두려워하지 않을 것이다. 그는 그 에너지를 더욱 공격적인 태도로 전환시키는 데에 사용한다. 훌륭한 선수들은 실패에 대한 두려움을 잘 받아들여서 그것을 정반대로 활용한다.

두려움을 성장하고 학습하는 과정의 자연스러운 한 부분으로 생각하라. 성공하는 사람은 두려워하지 않는다. 실패가 우승보다 훨씬 더 훌륭한 선생이 될 수 있다.

성공적으로 실패하는 법을 배워라.
실패하는 것을 증오하라. 하지만 그것을 두려워하지는 말라.
실패를 피드백으로 생각하는 법을 배워라.

15

승리허가증
Permissin to Win

우린 자신의 자기이미지 보다 나아질 수 없다.
― 데니스 코너

인생은 자기충족적 예언의 집합체이다.
― 존 네이버

시합이 시작되기 전에는 아무도 그에게 눈길을 돌리지 않았다. 우승은 전혀 생각지도 않았다. 진 반 드 빌드는 150:1의 우승 확률을 가진 최하위 선수였다. 하지만 골프계의 눈을 휘둥그렇게 만든 사건이 발생했다. 진 빌드는 1999년 브리티시 오픈 대회의 마지막날 일요일 카누스티의 72번째 티에 서 있었다. 3타차로 선두를 달리고 있었다.

한 홀만 남았다. 반 드 빌드가 해야 될 일이라고는 18번 홀에서 6타만 치면 되는 것이었다. 더블 보기만 해도 골프의 가장 오래된 상이 자신의 차지가 되는 것이었다.

그런데 이성의 부드러운 목소리가 이 프랑스 남자에게 현명하게 경기를 하라고 말했다 - 안전하게 플레이할 것. 티에서 5번 아이언을 치고, 다시 한 번 더 5번 아이언을 치고는, 웨지로 그린에 공을 올려 놓을 것. 그리고는 퍼팅 2개로 홀에 넣을 것. 그러면 반 드 빌드는 아내에게 입맞춤을 하고 92년만에 메이저 대회에서 처음으로 우승한 프랑스인이라는 기록을 남기면서 수상식 때 우승컵을 번쩍 들어올릴 수 있는 상황이었다.

하지만 반 드 빌드는 안전하게 경기를 하지 않았다. 하늘이 어두워지면서 부슬비가 내리기 시작하는 날씨 속에서 그는 드라이버를 사용했다. 공은 페어웨이를 많이 벗어났다. 다음 샷은 웨지를 사용하여 그린에 공을 올려놓는 대신, 반 드 빌드는 2번 아이언으로 풀스윙을 해야만 했다. 공은 관람석을 넘어 러프로 튀어들어가 보이지 않게 되었다. 다음 샷은 아주 어려운 위치에 놓인 상태에서 쳐야만 했다. 그린 앞을 가로 막고 있는 개울물 속에 빠져버렸다. 무슨 드라마를 보는 것 같은 느낌을 받으면서 사람들은 손에 땀을 쥐었다.

결국 반 드 빌드는 7타를 치면서 연장전을 벌여야 했다. 하지만 연장전에서 그는 졌다. 악몽이 끝나자, 사람들은 모두가 똑같은 질문을 던졌다.

"진, 왜 안전하게 경기를 펼치지 않았지? 왜 2번 아이언을 쳤어?"

그는 용감한 미소를 띠면서 아무렇지도 않게 말했다.

"다음번에는 웨지로 칠겁니다. 겁쟁이라고 말하실 테지만, 그 때는 웨지로 치겠습니다."

왜 그 때는 웨지로 치지 않았을까? 반 드 빌드가 자신을 그런 선수로 보지 않았기 때문이다. 소심한 샷이 그에게 승리를 보장하는 순간에도 그는 과감하고 용기있게 경기를 펼쳤다. 아내인 브리짓은 이렇게 말한다. "그 이는 그렇게 경기를 했어야만 했어요. 그 시합내내 그렇게 경기를 해왔던 걸요." 반 드 빌드는 자신의 자기 이미지에 충실했던 것이다.

이 선수의 추락에 대해서 한 스코틀랜드 출판사 사장은 반 드 빌드의 마지막 라운드 시작 전에 '선두는 중요하지 않다'는 예언 비슷한 말을 했다. 이 사람은 머리의 옆부분을 손가락으로 톡톡 두드리면서 말했다. 그의 동작은 반 드 빌드가 이런 압박하에서 선두를 유지할 수 있다는 사실에 대해서 회의적이었음을 말해주는 것 같았다. 반 드 빌드는 유러피언 투어에서 우승한 경력이 겨우 1번 있을 뿐이었다. 그는 심리적 안정 상태를 벗어난 것이다.

"인지적 혼란"이라는 심리학의 원칙 한 가지가 있다. 자기 자신에 대한 이미지와 실제로 벌어지고 있는 것 사이에 갈등이 벌어질 때 생겨나는 불편한 심리상태를 말한다. 이런 갈등을 체험한 많은 선수들은 자신의 편안한 영역으로 몸을 돌리게 된다.

아메리카컵 요트선수인 데니스 코너는 이렇게 말한다.

"우리들은 누구나 우리가 들어가 있고 싶어 하는 각자만의 내면의 안전지대를 가지고 있습니다. 잭 니클라우스와 아마추어 선수가 경기를 펼친다고 생각해봅시다. 이 아마추어는 자신의 실력에 자신감을 가지고 있을 겁니다. 하지만 니클라우스를 상대로 이길만한 정도는 아니라는 것은 알고 있습니다. 만약 니클라우스를 이기게 되면, 이 사람은 자신의 새로운 자기이미지가 요청하는 것들에 매우 부담스러워 하게 될 것입니다. 그래서 그는 자신의 안전지대로 다시 돌아가기 위해서 할 수 있는 모든 일을 하게 됩니다. 18번 홀에서 50센티미터 짜리 퍼팅을 실수하는 그런 일까지도요."

아니카 소렌스탐의 경우가 바로 그렇다. 어떤 인터뷰에서 이 LPGA 챔피언은 데뷔초기에 사람들 앞에서 말하는 것이 부담스러웠고 사람들의 주목을 한 몸에 받는 것을 지나치게 어색해했다고 말했다. 그래서 대회의 후반부에 가서는 의도적으로 퍼팅을 실수해서 2등이 되었다고 한다. 그녀는 성공에 대한 두려움이 있었다. 이것은 실패에 대한 두려움의 다음 단계에 나타난다.

나는 골프를 아주 좋아한다. 애리조나주로 이사를 왔을 때부터 골프를 배웠다. 하루는 내가 주로 골프를 치는 골프장에서 이런 일이 있었다. 11번인가 12번 홀이었는데, 친구가 이렇게 말했다. "게리, 자네 지금 파 플레이를 하고 있는지 알고 있나?" 나는 핸디캡 10을 치는 사람이다. 나 자신에 대해서 내가 가지고 있는 이미지는 파 플레이어가 아니다. 그 말(자네 파 플레이를 하고 있다)을 듣는 바로 그 순간 나는 너무 스트레스를 받아 다음 티에서 아웃 바운드를 시켜버리고 말았다. 트리플 보기를 했다. 그 후부터는 다시 편안해졌다. 나는 다시 내 안전지대로 돌아온 것이다.

스포츠 현장에는 안전지대에 있는 많은 선수들이 있다. 특히 프로 야구 트리플 A리그에 소속된 선수들 가운데 그런 이들이 많다. 지난번 오프 시즌 때에 강속구를 던지는 선수 중 한 명의 투수를 상담한 적이 있다. 트리플 A리그에서는 그와 견줄만할 투수가 없었다. 그러나 매번 메이저리그에 등판하게 되면 그 때마다 그는 견뎌내질 못했다. 그는 스스로 메이저리그 선수들을 삼진 아웃시킬 만한 인물로 보지 못하고 있었다.

애리조나 카디널스팀은 언젠가 뛰어난 재능을 지닌 러닝백 선수를 한 명 입단시킨 적이 있었다. 그는 NFL 최고 수준의 큰 몸집과 강한 힘을 지니고 있었다. 하지만 그는 자신이 선발로 나갈 수 있음을 스스로 인정하지 못했다. 그는 자신이 성공할 수 있다는 것 조차도 생각하지 못했다. 그의 자기이미지가 그러지 못하도록 만든 것이다. 그래서 그는 프로미식축구계에 그다지 오래 있지 못했다.

비전이 멈추는 곳에서부터 한계가 시작된다. 우리는 자신이 한계가 없는 선수라고 생각해야 한다. 아주 오랫동안 사람들은 1마일을 4분 내에 주파하는 것은 신체적으로 불가능이라고 생각해왔다. 그런데 1954년 로저 배니스터가 3분 59초 4를 기록했다. 그 뒤 2년 동안 다른 선수 50여명이 4분 벽을 깼다. 이들은 한 가지 이미지를 가졌던 것이다. 배니스터를 보면서 그들은 성공의 사례를 보았던 것이다.

데니스 엑커슬리는 자신을 선발투수라고 생각했다. 하지만 그가 자신의 자기이미지를 새롭게 만들어내고는 스스로를 마무리 투수라고 생각을 고치게 되자, 그는 최고의 1급 구원투수가 될 수 있었다. 최근 은퇴한 시카고컵스 팀의 아나운서인 스티브 스톤은 전에 메이저리그 투수였다. 그는 자신의 무의식을 프로그래밍하는 것에 대해서 이야기한다.

"칠판을 닦고는 완전히 새로 시작하는 것과 같다. 사이영상 *Cy Young Award*을 수상한 해 시즌 전 스프링 캠프 기간동안, 나는 조용히 앉아서는 승률 0.5 이상을 할 수 있는 투수라고 자신을 확신시켰다."

인간은 자신의 성장을 스스로 방해할 수 있는 능력을 지닌 유일한 동물이다. 부모가 자식에게 줄 수 있는 가장 중요한 것은 긍정적인 자기이미지다. 사람들은 키가 고작 160센티미터에 불과한 스퍼드 웹에게 도대체 어떻게 NBA에서 뛸 수 있다는 생각을 했냐고 물은 적이 있다. 그렇다면, 한 팔뿐이 없는 짐 애봇이 어떻게 야구를 할 수 있었겠는가? 수비를 어떻게 했겠는가? 올림픽 대회 금메달 수상자인 윌마 루돌프는 이런 성공을 얻기 위해서 엄청난 두려움과 자기이미지를 극복해야만 했다고 말한다. 그녀가 해결해야했던 첫 번째 난제는 다리 보철대 없이도 걸을 수 있는 방법을 배우는 것이었다.

내가 하는 대부분의 일은 성격상 '늘여주는 일'이다. '줄여주는 일'이 아니다. 나는 선수들로 하여금 그들 내면의 안전지대를 확장시켜주고 위험을 무릅쓸 용기를 갖도록 격려해준다. 자신을 스스로 성공할 수 있는 사람이라고 보지 않으면, 혹은 그런 자격이 없다고 느끼면, 당신은 자신을 파괴하고 있는 중이다.

위험을 받아들여라. 인생에는 안전이란 없다는 사실을 기억하여라. 오직 모험만이 있을 뿐이다.

한계는 비전이 멈추는 곳에서 시작된다.
성공을 시각화하고 자신이 이길 수 있도록 스스로를 허락하라.

16

내면의 불꽃
The Fire Inside

> 우리 모두는 각자 내면에 불꽃을 지니고 있다.
> 우리 인생의 목적은 그것을 찾아내서 계속 타오르도록 하는 것이다.
> — 메리 루 레튼

> 내가 인생에서 원하는 것은 이것 한 가지뿐이다.
> 내가 거리를 걸어가면 사람들이 이렇게 말하는 것이다.
> "저기 역사상 가장 뛰어난 타자가 지나간다."
> — 테드 윌리엄스

아주 오래전 어렸을 적에 밤하늘을 바라보던 시절을 기억한다. 별똥별이 떨어질 때마다 한 소년은 소원을 빌었다. "제발 부탁드립니다. 내가 원하는 그런 타자가 될 수 있도록 해주세요." 다른 아이들과는 달리, 점차 자라나면서 뛰어난 야구선수가 되려는 그 소년의 꿈은 사그러들지 않았다. 야구라는 예술은 그의 초점, 열정, 그의 삶의 유일한 목적이 되었다. "사나이는 목적이 있어야 한다. 오늘 하루의 목적, 그리고 일생의 목적. 내 목적은 사람들이 이렇게 이야기하도록 만드는 것이었다. 저기 테드 윌리엄스가 간다. 여태까지 나타난 타자 중에서 가장 뛰어난 타자다." 그는 예전을 떠올리며 이렇게 말했다.

1999년 7월 13일, 메이저리그 야구는 보스턴 시의 펜웨이 구장에서 올스타전을 펼쳤다. 정말 멋있는 밤이었다. 스타선수들을 바라보는 최고의 밤이었다. 시합전 행사의 하나로 내셔널 리그와 아메리칸 리그의 올스타 선수들이 관중석을 꽉 채운 관중들에게 한 명씩 소개되었다. 그리고 메이저리그의 역사에 길이 남은 전설적 선수들도 소개되었다. 하나씩 하나씩, 아나운서는 야구의 올센츄리팀의 선수들을 소개했다.

명단의 거의 마지막 부분에 이르자, 이 오래된 야구장에 골프용 전동차가 나타났다. 텔레비전을 시청하던 수백만 명의 사람들과 함께, 나도 그 전동차가 천천히 구장을 한 바퀴 도는 것을 보았다. 그 안에 탄 선수가 미소를 지으며 사람들에게 따뜻한 환영을 받는 것을 보았다.

반짝거리는 별들처럼 카메라의 플래시가 터졌다. 아나운서가 그를 소개하고 위업을 이야기할 때, 그의 목소리는 존경심을 넘어 추앙하는 듯 들렸다. "이 분이 바로 테드 윌리엄스입니다. 역사상 가장 위대한 타자이십니다."

동기유발이란 아주 인기 있는 단어이다. 특히 스포츠계에선 더욱 그렇다. 이 단어는 '움직이다'라는 뜻을 가진 라틴어로부터 파생되었다. 운동선수들은 두 가지 중의 한 가지 방식으로 움직인다. 즐거움(보상)을 찾기 위해서 움직이거나, 아니면 두려움(처벌)을 피하기 위해서 움직이는 것이다. 동기유발이란 성공하고 싶은 욕망이거나 아니면 실패에 대한 두려움이다. 테드 윌리암스는 가장 이상적인 동기유발의 모습을 보여주었다. 즉, 테드는 한 시즌에 4할대를 친 메이저리그 최후의 타자로서 자기의 목표를 성취하고 자기의 꿈을 실현해 낸 마지막 선수였다.

운동선수의 성공은 네 가지 요인에 의해서 좌우된다고 한다. 신체적 능력, 기술적 훈련, 정신적 훈련, 그리고 욕구(혹은 동기)가 그것들이다. 성공하고 싶은 욕구가 실패에 대한 두려움보다 훨씬 더 강해야 하는 것이다.

투수인 데이빗 콘은 이렇게 말한다. "실패에 대한 두려움으로 인해서 동기가 유발된다고 말하는 선수들이 많이 있습니다. 전전혀 동의하지 않습니다. 제게 있어서 그것은 기회입니다. 우리 선수들은 그것 때문에 살아가고 경기를 합니다. 제가 바라는 것은 바로 여기, 지금, 이 경기장에서 시합을 하는 것입니다. 양키즈 팀을 위해서 말이죠."

동기유발에 관한 이야기 가운데 나는 무하마드 알리의 경우를 즐겨 인용한다. 루이스빌에서 자랄 때 그는 수퍼마켓에서 점원으로 짐을 풀어놓는 일을 한 적이 있었다. 아주 적은 봉급을 받았지만 돈을 조금씩 모아서 중고 자전거를 하나 샀다. 그는 그 파란 자전거를 아주 좋아했다. 대단한 자부심을 느꼈다. 열심히 일해서 그것을 스스로 장만한 것이다. 어느 날 누군가 그것을 훔쳐가 버렸다. 그는 완전히 낙담해버렸다.

알리는 이렇게 말했다. "그 여름날 나는 루이스빌 시내전체를 걸어서 샅샅이 뒤졌다. 자전거를 찾기 위해서였다. 이리저리 돌아다니면서 계속해서 눈이 빠져라고 찾아보았다. 걷고 또 걸었다. 하지만 지금까지도 찾지 못했다. 나는 링에 올라가면 매 순간 상대선수를 바라보고는 속으로 이렇게 말한다. '그래, 이 녀석이 바로 내 자전거를 훔쳐간 녀석이야!'

선수들은 각자 자기 나름대로의 방식으로 동기를 유발한다. 로저 클레멘스는 다른 사람들이 자신에 대해 갖는 미심쩍어 하는 마음에 기대어 스스로를 동기유발시킨다고 한다. 그는 레드삭스팀이 자신을 방출한 것은 실수였다는 것을 증명해 보여주기 위해서 1997년 시즌을 뛰었다고 한다.

가장 성공적인 선수들은 스스로를 동기유발시키는 선수들이다. 올림픽 피겨스케이팅 금메달리스트인 페기 플레밍은 이렇게 말한다. "가장 중요한 것은 자기가 하는 스포츠를 사랑하는 것이다. 절대로 다른 사람들을 즐겁게 만들기 위해서 운동을 해서는 안된다. 이 운동을 하는 이유는 바로 자신을 위한 것이어야 한다. 그래야만 성공을 위해서 거쳐야만 하는 그 모진 훈련의 과정이 스스로에게 납득되기 때문이다."

중고등학교 운동부 선수들을 대상으로 했던 한 워크숍에 참가한 학생에게 '스포츠를 하면서 가장 즐거웠던 적이 언제인가?' 물어본 적이 있다. 이 학생은 10살인지 11살인지 그 때였던 것 같다고 말했다. 농구슛을 쏘는 것이 너무도 즐거웠다고 말했다. 그 학생이 이런 추억을 말하자, 그 아버지의 두 눈에는 눈물이 고였다. 이 고등학생은 농구부를 그만두고 싶었지만, 아버지의 요구 때문에 아직도 농구를 하고 있었다. 그것은 아버지의 꿈이었다. 자기의 꿈이 아니었던 것이다.

사람은 즐거워하는 것을 즐거이 한다. 고통을 가져다주는 것은 피한다. 특히 어린 나이에 접해보는 스포츠는 정말로 즐겁고, 긍정적이고, 많은 것을 가져다주는 경험이 되어야 한다. 하지만 정말로 뛰어난 재능을 가진 어린 선수들이 감독의 지나친 지시에 견디기 힘들어하고, 부모의 기대를 만족시켜 드려야만 한다는 부담감에 사로잡혀 있다. 내가 감독이라면 나는 우리 선수들이 즐거워하길 바랄 것이다. 선수들이 스스로 열성적이고 최선의 노력을 다하기를 원할 것이다. 스스로 향상되고 있다고 느끼며, 결과보다는 과정을 더욱 중요시하기를 바랄 것이다.

동기유발은 우리를 어떤 한 방향으로 움직이도록 만들어준다. 어떤 한 가지 임무를 수행하는 과정은 그런 정서상태를 만들어준다. 클레멘스는 레드 삭스를 떠났을 때 그 같은 사명을 수행하게 된 것이다. 아놀드 슈왈츠제네거도 한 가지 사명을 가졌었다. 그가 가진 비전을 통해 그는 '바람의 힘'이란 것을 창조해냈다. 그는 "내가 미스터 유니버스가 되고자하는 바람은 무대 위에 올라가서 우승하는 나 자신을 아주 분명하게 눈에 그릴 수 있었기 때문에 가능했다."고 말한다.

칼 루이스도 역시 마찬가지로 원대한 임무를 가지고 있었고 강력한 비전을 지니고 있었다.

"저는 사람들이 나를 이런 사람으로 기억하기를 바랍니다. 인간의 육체와 정신이 할 수 있는 일에는 한계가 없음을 보여준 사람, 사람들에게 영감을 주면서 그 전에는 꿈도 꾸지 못했던 일을 할 수 있도록 인도한 사람으로 말입니다."

스프링 캠프에서 훈련을 할 때, 알렉스 로드리게즈는 스스로 디자인한 티셔츠를 입고 팀 동료들에게도 나누어주었다. 티셔츠 위에는 이런 문구가 찍혀있었다. "우린 지금 원대한 사명을 수행하고 있습니다."

당신은 어떠한가? 당신의 내면에는 불꽃이 타고 있는가? 당신은 임무를 띠고 있는가? 그것은 무엇인가? 당신의 동기를 유발시키는 것은 무엇인가? 실패에 대한 두려움이라면, 그것은 버려버리도록 하라. 최고의 동기유발제는 '바람'이다. 바람의 힘, 반드시 얻고야 말겠다는 참으로 귀중한 욕구인 것이다.

자신의 열정을 찾아서 그것이 분출되도록 하라.
인생의 임무를 찾아서 내 삶이 그 목적을 성취하는 것으로 만들어라.
실패를 두려워하는 것보다는 목적을 성취하겠다는
욕구에 의해서 동기를 유발시켜라.

네 가지 D

The Four D's

동기는 시작하도록 해주며 규율은 계속하도록 해준다.
― 짐 라이언

최후까지 지속되는 유일한 규율은 자기규율이다.
― 범 필립스

몇 해 전 휘닉스 시 소재 한 교육구에서 고등학교 운동선수들을 대상으로 여론조사를 한 적이 있었다. 그 결과는 그동안 떠돌던 소문과 의심을 확인시켜주는 것이었다. 그 설문조사에 응답을 한 고등학교의 학생들 가운데, 20% 이상이 자기 팀 선수나 다른 운동선수들이 스테로이드를 사용한다는 사실을 알고 있다고 답했다.

이 교육구는 재빨리 조처를 강구했다. 학교는 복용 금지약물들에 대해서 안전막을 제공해주어야 한다는 생각을 가졌던 이 교육구청에서는, 소속 고등학교들의 운동선수들을 대상으로 약물검사를 실시하였다. 이 소식은 전국적 뉴스가 되었고 열띤 토론거리를 제공했다.

이 교육구에 소속되지 않은 다른 사람들은 약물검사로 인해서 이 교육구의 선수들이 다른 팀들보다 경기력 면에서 뒤떨어지게 되는 것이 아니냐고 걱정을 표시하기도 했다. 그에 대해 이 교육구의 장학사인 토비 스페사드씨는 이렇게 말했다.

"그런 사람들은 다른 학교들도 다 스테로이드 복용을 허용하고 있는데, 여기 선수들만 복용하지 못하게 하면 경기에서 뒤쳐지게 된다는 말이죠. 이런 논리는 정말로 말도 되지 않는 생각이에요. 우리 선수들이 건강한 몸과 마음을 가지고 있고, 정정당당하게 시합에 임하게 된다는 사실을 사람들이 알게 되면, 우리 선수들에게는 그것이 훨씬 더 큰 이득이라고 생각하는데 말이죠."

이런 일이 있을 때 즈음, 나는 NFL 카디널스 팀의 상담전문가를 맡고 있었다. 그 교육구에서는 내게 관련위원회에 참가해서 약물남용의 폐해와 약물복용, 특히 스테로이드를 사용하지 않고도 경기력을 향상시킬 수 있도록 감독과 선수들을 교육시키는 프로그램을 개발하는 데에 도움을 줄 수 있겠느냐고 물어왔다.

미국 올림픽위원회 소속 스포츠의학 전공 의사가 청소년 운동선수들을 대상으로 이런 조사를 한 적이 있었다. '만약 올림픽대회에서 금메달을 딸 수 있도록 만들어주는 약물이 있는데, 그것을 복용하면 생명이 5년 단축되는 부작용이 있다. 그런데도 그것을 복용하겠는가?' 선수들의 절반 이상이 그럴 것이라고 대답했다.

'자신의 마음을 활용하는 법을 배우는 것'은 경기력 향상을 위한 약물을 복용하는 것만큼이나 큰 효과를 가져다 줄 수 있다. 의학연구를 살펴보면, 많은 환자들이 가짜 약, 혹은 설탕으로 만든 알약을 복용해도 신체적 증세가 향상되는 경우를 발견할 수 있다. 이유가 무엇일까? 바로 마음의 힘 때문이다.

교육구청의 요청으로 나는 약물을 복용하지 않는 운동선수를 위한 심리기술훈련 프로그램을 만들었다. '타고난 재능'이라는 이름의 프로그램이다. 수백 명의 선수들과 부모들이 참가한 프로그램 설명회에서 나는 가스 잭스와 론 월플레이, 두 명의 카디널스 팀 선수들을 동반했다.

누군가 두려움을 느끼지 못하는 사람은 정신병동에 있거나 특공대에 있거나 둘 중 하나라고 말한 적이 있다. 월풀리는 카디널스 팀의 특공대에서 있었다. 그는 올스타로 선발되었고 러닝 가미가제 임무를 부여받았다. 펀트와 킥오프를 막아내고 달려오는 상대방을 전속력으로 막아내면서 늘 자신의 건강과 안전을 위험에 빠뜨리곤 했다. 하지만 그는 두려움이 없었고, 터프했으며, 시합 후 선수들의 대화에 가장 많이 등장하는 선수였다.

청중들에게 월플리를 소개하였다. 그가 전하고자 하는 바는 그의 시합스타일과 같은 그런 에너지와 열정으로 전달되었다. 론은 자기가 알던 이전의 한 NFL 선수에 관해서 말했다. 그 선수는 스테로이드를 복용하였고 나중에 심한 병에 걸리게 되었다고 말이다.

"여러분께 말씀드리지만, 저는 스테로이드를 본 적이 있지만, 절대로 그것을 사용하지는 않습니다. 내가 사용하는 유일한 약물은 '네가지 D'입니다."(약물을 뜻하는 영어가 drug으로서 d로 시작하는 것을 빗대어서 말한 것).

그는 목소리를 점점 더 높여가면서 그 네 가지를 천천히 설명했다. 사람들은 조용히 그의 이야기를 경청했다.

"그것들은 열망Desire, 전념Dedication, 결의Determination, 규율Discipline 입니다. 내가 사용하는 약물은 오직 이것들 뿐입니다. 그리고 이것들은 시내 어두운 구석진 곳에서 살 필요가 없습니다. 돈도 전혀 들지 않습니다."

그는 자신의 가슴, 자신의 마음 속을 가리키며 말했다.

"이것들은 바로 여기에 다 들어있기 때문입니다."

열망 Desire

바로 전 장에서 이 열망에 대해서 자세히 이야기했다. 목표를 성취하는 데에 있어서 '바람'의 힘은 의지의 힘만큼이나 중요하다. 내가 바라는 것은 무엇인가? 내가 열망하는 것은 무엇인가? 테드 윌리암스는 아주 어릴 때부터 자신의 한 가지 목표를 알았다. 나의 꿈은 무엇인가? 나는 그것을 얼마나 절실하게 원하는가?

전념 *Dedication*

전념은 열망을 행동으로 옮기는 것이다. 전념은 끝이지 않는 헌신을 필요로 한다. 미식축구 감독인 루 홀츠는 이런 말을 한다. "현재 하고 있는 것에 온 몸과 마음을 헌신하지 않는다면, 배에 구멍이 생겨 물이 차기 시작하자마자 어떻게 하면 그곳을 빠져나갈 궁리만 할 것이다."

현역 투수 중 가장 뛰어난 투수로 인정받고 있는 랜디 존슨은 자기 인생에서 가장 비극적이었던 실화를 이야기해준다. 그의 부친이 1992년 크리스마스날 운명한 것이다. 그는 자기 투수인생에 있어서 전환점이 되었다고 한다. "그 해 제 마음은 훨씬 더 크게 되었습니다. 그것은 저를 성숙하게 만들어주었고, 제 마음 속 세계가 더 큰 것이 되도록 해주었습니다. 최고의 것을 추구하는 것에 제 자신을 완전히 전념하고 헌신하도록 만들어주었습니다."

결의 *Determination*

누구나 성공하고 싶어한다. 하지만 성공을 쟁취하는 사람들은 절대로 누그러들지 않는 강철같은 결심으로 꽁꽁 쌓여있다. 이런 사람들은 스스로 동기유발이 되어있다. 이런 종류의 동기유발은 잭 니클라우스가 프로 초창기 시절 연습장이 깜깜해질 때까지 골프공을 치게 만들었던 그런 것이다.

재혼한지 얼마 안 된 아내 제인은 재촉하면서 이렇게 말했다. "잭 이제 그만 가요. 배가 고프단 말이에요." 잠깐만 기다리라는 손짓을 하면서 니클라우스는 어둠속으로 공을 한 개 더 치고, 또 한 개 더 쳤다. "그래서 오늘의 내가 여기 있는 거죠."라고 그는 말한다.

규율 *Discipline*

규율은, 자기가 원하거나 원하지 않거나 간에, 어떤 것을 해야만 할 때 그것을 하는 것을 말한다. (최후까지 지속되는 규율인) 자기규율은 행동중심적이다. 우물쭈물하지 않는 것이다. 변명을 늘어놓지 않는 것이다. 전 달라스 카우보이 팀의 감독이었으며 프로미식축구 명예의 전당에 헌액된 톰 랜드리는 이렇게 말한다. "목표를 세우는 것이 가장 중요한 것이 아니다. 그것을 어떤 방식으로 성취할 것인가를 결심하고, 그 계획을 끝까지 따르는 것이 더 중요하다. 핵심은 규율인 것이다."

자기가 추구하고자 하는 꿈과 방향이 일단 결정되면,
그것을 성취하도록 만들어주는 것은 열망, 전념, 결의, 규율이다.
스스로에게 이 질문을 던져보라.
나는 내가 말하는 것을 실천하고 있는가?

제 3부
성공을 확신하라

18

태도가 가장 중요하다
Attitude Is Everything

인생의 유일한 장애는 부정적 태도라는 것을 나는 강력하게 믿고 있다.
― 스콧 헤밀턴

나쁜 태도는 나쁜 스윙보다 훨씬 더 나쁘다.
― 페인 스튜어트

태도는 안경과 같다. 태도는 세상을 보도록 해주는 렌즈다. 긍정적 마음을 가진 사람들은 장밋빛 색이 칠해지거나 깨끗한 렌즈를 통해서 인생을 보는 반면, 부정적 태도를 지닌 사람들은 어둡고 음습한 렌즈를 통해서 눈을 찌푸리고 보는 것이다. 이 두 종류의 사람들은 동일한 사건이나 상황을 보면서도 서로 완전히 다른 방식으로 지각하는 것이다.

태도는 우리의 행동과 기분에 영향을 미친다. 수행의 질에도 영향을 미친다. 전 메이저리그 야구 선수였던 데이브 윈필드는 이렇게 말한다. "거의 엇비슷한 기량 수준을 지닌 선수들이 참 많다. 그런데 차이를 만드는 것은 재능이 아니라 태도다." 자신의 지위를 높여주는 것은 자기가 가진 재능이 아니라 태도다. 성공의 사다리를 얼마나 높이 올라갈 수 있는지, 얼마나 멀리 갈 수 있는지를 말이다.

낙천주의자는 긍정적 기대감을 지니고 있고, 이것은 목적을 성취하는 것에 도움을 준다. 이들의 태도는 '할 수 있다'는 태도다. 이들은 해야 될 것을 행하며, 이를 통해서 힘을 받는다. 비관주의자는 수동적 태도를 지닌다. 다른 사람을 비난하거나 할 수 없는 일에 정신을 쏟는다. 그 결과, 자기충족적 예언의 희생자가 된다.

어떤 사람들은 무엇 때문에 낙천주의자가 되지 못할까? 한 심리학 연구소에서 실시한 연구에 의하면, 낙천주의자는 비관주의자보다 평균적으로 수명이 더 긴 것으로 나타났다. 펜실베니아 대학의 마요연구소에서는 심장마비 증상을 보인 120명의 환자들을 조사했다. 8년 후, 비관주의자의 80%가 2차 발작으로 사망한 것에 비하여, 낙관주의자는 33%만 사망하였다. 이 밖의 다른 연구들도 낙관주의가 직장과 학교와 스포츠에서 성공을 가져다 줄 수 있음을 보여주고 있다.

심리학자 마틴 세리그먼은 『학습된 낙관주의』라는 책에서 뉴욕 메츠 팀과 세인트 카디널스 팀을 연구했다. 구단 관계자들과 선수들을 인터뷰한 후에 그는 그 다음해에 메츠가 좋은 성적을 낼 것이며 카디널스는 형편없는 성적을 낼 것이라고 예측하였다. 실력수준이 서로 동등한 상태에서, 선수들이 긍정적이고 낙관적인 팀이 부정적이고 비관적인 팀을 이기게 되는 것이다.

1995년 올스타경기가 끝난 후, 나는 매년 하는 시애틀 마리너스 팀 방문길에 나섰다. 올스타경기에 출장했던 타자 티노 마르티네즈 선수가 그 당시 어려움을 겪고 있었다. 그는 연습장에서 타격연습을 하고 있었다. 티노는 편안한 마음에 즐거워 보였다. 중간중간, 그는 켄 그리피스 주니어와 마리너스팀의 다른 강타자들과 농담을 주고받고 있었다. 그리고 옆에는 가장 최근에 트리플 A팀에서 선발된 다른 한 선수가 있었다(나중에 처음 타석에서 홈런을 치게 된다). 그는 잔뜩 긴장하고 있어 전혀 즐거운 표정이 아니었다. 투수가 다음 공을 준비할 그 순간 순간마다 그는 자기에게 뭔가를 중얼거렸다. 그리고 스윙이 끝날 때마다 잘못 친 것에 대해서 나쁜 말을 해대었다. 그가 행하고 있는 모든 몸짓은 그가 지금 운동이 아닌 노동을 하고 있다는 것을 말해주었다. 이 초보 애송이 선수는 지나치게 긴장을 하고 있던 것이다. 그 반면에 티노와 다른 선수들은 정반대의 모습을 보여주었다.

나는 단장의 사무실에 들어가서 루 피니엘라에게 내가 본 것을 말해주었다.

피니엘라는 이렇게 말했다. "맥, 티노는 내가 선수였을 때 나와 비슷하다네. 시합을 잘 해내지 못할 때에는 경기장에 나가고 싶어 안달을 하지. 곧 잘하게 될 것을 알기 때문이야. 하지만 아직 어린 선수들은 자신의 능력에 의문을 갖고 신뢰를 못하지. 타격은 모든 것은 태도에 달려있다네."

하루는 퍼팅 연습을 하러 골프장에 갔었다. 야구 명예의 전당에 이름이 오른 로빈 요운트를 보게 되었다. 로빈은 어서 빨리 시작을 했으면 좋겠다고 했다. 그는 빨리 골프장에 나가지 못해 안달했다.

"골프는 잘 치시나요?" 그렇다는 대답을 기대하면서 내가 물었다.

"아니요. 요새 정말 안 맞아서 죽을 지경입니다." 요운트는 이렇게 말하는 것이었다. 그리고는 내게 미소를 지으면서 이런 말을 했다. "그렇지만, 이제 잘 치게 되는 순간이 올 것이라는 것을 확신하고 있습니다." 몇 시간 뒤 주차장에서 그를 다시 보았을 때, 그는 아주 즐거운 라운딩을 했다고 말했다.

긍정적 태도가 항상 좋은 결과를 만들어내는 것은 아니지만, 부정적 태도는 대부분 나쁜 결과를 가져온다. 특정한 일에 대한 결과가 어떻게 될 지는 아무도 모르는 일이다. 하지만 왜 잘 할 것이라고 믿으면서 실행하지 않는가? 긍정적 사고방식에 대해서 확신이 없다면, 그 반대로 부정적 사고방식을 없애버리기만 하면 될 것 아닌가?

애리조나 카디널스 팀이 어웨이경기에서 막 대승을 거둔 참이다. 선수들은 돌아오는 비행기 안에서 축하 분위기에 휩싸여 웃고 떠들었다. 이들은 주로 마실 것을 나눠주거나 저녁 식사를 전달하려고 비좁은 복도를 왔다 갔다 하고 있던 비행기 승무원들에 대해서 농담을 주고받았다. 비행기가 밤하늘을 부드럽게 뚫고 지나가는 그 과정에서, 나는 한 스튜어디스가 인내심과 밝은 표정을 짓는 것에 최선을 다하려고 노력한 행동을 살짝 목격하였다.

이 아가씨는 내가 앉은 자리 옆을 지나가면서, 눈을 부릅뜨면서 긍정적 태도를 불러일으키려고 이런 독백을 스스로에게 해대는 것이었다. "나는 내 직업을 사랑한다… 나는 내 직업을 사랑한다…. 나는 내 직업을 사랑한다."

태도는 아주 어렸을 때부터 학습될 수 있는 것이다. 다행스러운 소식은 태도는 버려질 수도 있고 바뀔 수도 있다는 점이다. 우리는 부정적 상황을 긍정적 방식으로 바라볼 수 있도록 스스로를 훈련시킬 수 있다.

UCLA 테니스팀의 한 선수를 상담한 적이 있었다. 이 선수는 타이 브레이크를 매우 싫어했다. 그녀는 부정적인 목소리로 "나는 타이 브레이크에서는 항상 져."라고 스스로에게 말했다. 너무 확실하게 이야기해서 그것을 믿어버리게 된 것이다. 하지만 점차 긍정적인 태도를 가지게 되면서 변하기 시작했다. 그녀는 부정적 목소리를 긍정적 목소리로 바꾸면서, "나는 타이 브레이크가 좋아. 타이 브레이크를 통해서 내 안에 있는 가장 훌륭한 것들이 밖으로 나오게 되거든."이라고 말하게 되었다.

사람은 자신의 자기이미지보다 잘 할 수 없다는 것을 앞에서 배운 적이 있다. 긍정적 마음상태를 만들어놓지 못한다면, 신체적으로 최대한의 능력을 발휘할 수 있도록 도와주는 정신적 상태를 만드는 것에 실패하게 된다.

비관주의를 낙관주의로 바꾸기 위해서 필요한 세 가지 P(3P)를 소개하겠다.

불변성 *Permanence*

낙관주의자는 시합에서 지거나 슬럼프에 빠졌을 때 이런 상황은 잠시적인 것이고 영속적인 것이 아니라고 믿는다.

전파성 *Pervasiveness*

회의와 의심이 생활의 다른 영역에도 영향을 미치도록 놓아두는 비관주의자와는 달리, 낙관주의자는 문제들을 상자 안에 넣는다. 그것들이 정신을 분산시키도록 만들지 않는 것이다.

내면화 *Personalization*

낙관주의자는 승리를 내면화시키고 패배를 외면화시킨다. "오늘 정말 잘 싸웠다. 우린 승리 할 자격이 있어. 우린 오늘 정말 운이 좋았다. 내일도 이길 것이다." 그러나 비관관주의자는 이와 정반대로 생각한다. "오늘 이긴 건 운이 좋아서야. 우리가 진건 전부 내 탓이야. 나는 아무짝에도 쓸모없는 패배자야."

이런 말이 있다. 인생은 우리에게 벌어지는 일 10%와 그것에 대해서 우리가 보이는 반응 90%로 이루어진다. 한 번 생각해 보자. 나는 어떤 태도를 지니고 있는가? 낙관주의자인가? 경쟁, 승리, 패배 등에 대해서 어떤 생각을 지니고 있는가? 압박에 대해서 어떤 반응을 보이고 있다고 생각하는가?

> 자신의 태도가 자신의 지위를 결정한다.
> 할 수 있다고 생각해도 맞고, 할 수 없다고 생각해도 맞다.
> 선택은 내 것이기 때문이다.

19

벤치 지키기
Riding the Pines

태도는 선택이다. 매일매일 긍정적 사고를 하라. 자신을 신뢰하라.
— 팻 서미트

할 수 없는 것으로 인해 할 수 있는 것이 방해받지 않도록 하라.
— 존 우든

바로 전 시즌에서 13게임에서 선발로 출장하고 지역 신문기자 클럽으로부터 팀의 최우수 선수로 선정되고 나자, 크리스 챈들러는 애리조나 카디널스 팀의 선발 쿼터백이 될 자격이 있다고 스스로 믿게 되었다. 하지만 1993년 시즌이 시작되자, 그는 후보선수로 밀려났다. 조 부겔 감독은 챈들러 대신에 3년간 7백 5십만 달러에 연봉 계약을 한 자유계약선수 스티브 베우얼레인을 선발로 출장시켰다.

부겔의 결정은 돌발적인 것이 아니었다. 이런 상황은 매우 자연스럽고 예상 가능한 것이었다. 감독의 임무는 한 가지이다. 감독은 이겨야만 한다. 프로스포츠에서는 돈이 모든 것을 말해준다.

시즌 전 연습에서 발목을 부상당한 챈들러도 이 사실에 대해서 그리 놀라지 않았다. 하지만 이런 강등조치로 인해 그는 스트레스를 받게 된다. "좀 당황스럽습니다." 시즌 첫 경기를 시작하기 1주일 전에 팀에서 이런 발표를 하게 되자, 챈들러는 기자들에게 이렇게 말했다. "전 후보선수가 아닙니다." 신규후보가 된 이 선수는 입을 굳게 다물면서 이런 말을 했다.

챈들러는 시즌 초반에 연습이 끝난 후 내게로 와서는 이렇게 물었다. "이런 상황에서 어떻게 대처해야 하나요?"

내 직업이 스포츠심리학자인지라 나는 감독의 지시나 부상으로 인해서 벤치에 앉아있어야 하는 많은 선수들을 상담해왔다. 그러나 챈들러의 경우는 당장 어떻게 대해야 할지 생각이 나지 않았다. 뭐라고 이야기해 주어야 할지 감이 잡히지 않았다.

나는 챈들러를 좋아했다. 인디아나폴리스 콜트 팀에서 그를 드래프트 해놓고는, 곧 제프 조지를 선발하기 위해서 그를 트레이드해버렸다. 탐파 베이팀에서 그를 받아들였지만, 시즌 중간에 그를 방출해버렸다. 내 개인적인 생각으로는 카디널스 팀이 챈들러를 거저 얻었다고 생각했는데, 그만 챈들러가 방출 돼버리자 안됐다는 느낌이 들었다.

자기 자신의 주인이 된다는 것의 의미에 관해 쓴 잡지 기사를 읽은 것이 기억이 났다. 챈들러에게 이렇게 말했다. 후보로 밀려나고 각광을 받지도 못하게 되었지만, 그는 아직도 NFL 주식시장의 주식이라는 사실을 주지시켰다. 크리스 챈들러 주식회사의 주인이라고 말이다.

그는 자기 주식가를 높이기 위해서 매일 매일 열심히 일해야만 했다. 부정적 태도를 갖는 것은 도움이 되지 않는다. 연습에 최선을 다하지 않는 행동은 주식가를 낮출 뿐이었다. 선발로 뽑힐 때까지 얼마 남지 않았다는 사실을 그에게 상기시켜 주었다. 그는 정신을 집중시키고 준비를 갖추어야만 했다. 만약 팀이 그를 방출시킨다면, 팀의 코치들과 스카우트 담당자들이 자신에 대해서 뭐라고 말했으면 좋겠는가하고 물었다. 대게 이런 말일 것이다. "그 친구는 참 훌륭한 자세를 가졌어. 정말 열심히 노력했지. 좋은 선수였는데. 정말로 팀을 위해 일할 줄 아는 선수였어."

그 시즌에 챈들러는 시합을 많이 하지 못했다. 다음 해 그는 로스 엔젤레스로 그리고는 휴스턴으로 팀을 옮겼다. 최종적으로 그는 애틀란타 팰콘스팀에 합류해서 팀을 슈퍼볼까지 진출시켰다. 좋은 일은 낙관적인 태도를 지니고 인내할 수 있는 자세를 가진 사람들에게 생기는 법이다.

나는 마이너 리그에서 뛰는 선수들에게 예전에 내가 챈들러에게 했던 말을 종종 들려준다. 트리플 A 리그의 선수들 중 절반 정도는 자신이 메이저리그에 합당한 실력을 갖추었다고 생각한다. 하지만 나머지 절반은 자신이 그런 정도의 실력을 지니지 못했다고 생각한다. 나는 그 선수들에게 자신을 '주식회사'로 만들라고 한다. 선수들은 매번의 경기실적으로 자신의 이력을 만들고 있는 것이다.

벤치에 앉아 있는 일은 참기 힘들다. 부상당한 선수들에게는 몇 배로 견디기 힘들다. 부상이란 것이 스포츠에서는 다반사로 일어나는 일이지만 말이다. 운동선수는 이 남는 시간에 아무 것도 하지 않을 수 있고, 또 반대로 현명하게 사용할 수도 있다.

전 마리너스 팀 투수인 에릭 핸슨은 부상선수 명단에 2개월 이상 올라가있었던 것이 야구 선수생활 가장 값진 경험이었다고 말한다.

"그 때 전 슬럼프가 와서 불규칙한 경기를 펼치고 있었어요. 시합을 잘 하기도 하고 못하기도 했습니다. 하지만 그냥 벤치에 앉아서 팔이 나아지기만을 기다리지 않았습니다. 그 당시 전 스포츠 심리학자가 되었습니다. 사실 예전에는 경기 중, 타자들에 대해서 그렇게 제대로 파악하고 있지는 못했습니다. 하지만 벤치에 앉아 있는 동안 매 해마다 새로운 것을 배우게 되었습니다. 내가 야구선수 생활 10년간 배운 것보다 10배의 것을 하루 저녁에 배우곤 했습니다. 경기를 관찰하고 그것을 눈에 떠올리고 마음 속에서 되풀이해서 보는 것을 통해서 말이죠."

그는 말을 이어갔다. "가끔 놀란 라이언, 로저 클레멘스, 마크 랭스톤같은 선수들과 한 시간 정도 이야기를 합니다. 이들은 저를 잘 보살펴주고 많은 좋은 말들을 해주었습니다. 이 선수들을 모두 야구선수로서 성공한 사람들이고 열심히 훈련을 한 사람들이죠. 내가 공을 던지지 않은 시즌 중반에 이 선수들의 좋은 점들이 모두 한꺼번에 내게 전달될 수 있었던 겁니다."

나는 '할 수 있다'는 계획을 굳게 믿는다. 벤치를 지켜야 할 때가 오면, 할 수 있는 것들의 목록을 한 번 만들어보라. 비디오 시청, 상대선수 분석, 웨이트 트레이닝, 같은 팀 선수 응원 등의 내용이 적혀있게 될 것이다.

어떤 요인들을 통제할 수 있고 어떤 요인들을 통제할 수 없는지를 한 번 스스로에게 물어보라. '평안의 기도' 쪽지를 들고 다니는 사람들이 많이 있다. 기억하고 활용할 만한 가치가 충분히 있다.

주여,
제가 변화시키지 못할 일들을 받아들일 수 있는 평정,
제가 변화시킬 수 있는 일들을 바꿀 수 있는 용기,
그리고 그 차이를 알 수 있는 지혜를 제게 주옵소서.

열심히 일하고 노력하는 것에는 타고난 재능이 필요하지 않다.
자기 자신에게 긍정적인 태도와 "할 수 있다."는 사고방식을 심어주어라.

20

믿음의 힘
You Gotta Believe

가장 중요한 것은, 참가하는 시합마다 우승할 수 있다는
믿음과 마음상태를 갖는 것이다.
— 타이거 우즈

자신과 주변 사람들에 대한 확실한 믿음을 가지고 있다면,
언젠가 반드시 커다란 것을 얻을 수 있을 것이다.
— 딕 벌멜

연습 라운딩을 하는 과정에서 타이거 우즈는 친구인 데이빗 러브 3세을 바라보며 이런 말을 했다. "자네하고 나하고 단 둘이서 1대 1로 한 번 붙어보면 참 좋을 텐데." 2주 후, 겨우 프로전향 후 5번째 참가하는 시합일 뿐인데, 우즈는 1996년 라스베가스 인비테이셔널 대회의 마지막 라운드에서 8언더파 64타를 쳤다. 공동 1위였다. 서든 데스 규칙으로 연장전을 펼쳤다. 공동1

위를 한 상대방은 데이빗 러브 3세였다.

연장 첫 번째 홀에서 시합은 결판이 났고, 그 후 이 21세짜리 PGA투어 첫 우승자에게 축하를 하면서 한 아나운서가 질문을 했다. 정말 꿈에라도 올해 이렇게 좋은 성적을 낼 것이라는 기대를 했느냐고 물었다.

그 때 타이거 우즈의 대답을 나는 평생 잊지 못할 것이다. US 아마추어 선수권대회 3회 우승자인 우즈는 1000와트짜리 미소를 활짝 지으며, 조금의 주저함도 없이 이렇게 말했다. "당연하죠."

골프계의 이 새로운 신동은 자만심을 보여준 것이 아니었다. 우즈는 자신 속에 스스로에 대해 가지고 있던 확신을 다른 이들에게 보여준 것이다.

확신, 혹은 믿음이란 어떤 사람의 마음 속에 신뢰감이나 자신감이 뛰어난 상태다. 확신은 행동을 유발시키고, 행동은 우리가 행하는 모든 활동에 영향을 미친다. 타이거 우즈가 프로로 전향하고, 참가하는 모든 시합에서 우승할 것을 기대한다고 말했을 때 (잭 니클라우스로부터 이런 마음상태를 배웠다), PGA 투어 베테랑들은 눈이 휘둥그렇게 되었다. 하지만, 얼마 있지 않아 우즈는 자신이 가진 믿음의 힘을 그들의 눈앞에서 보여주었다.

톰 레만은 이렇게 말한다. "우즈가 진심으로 그런 말을 한다는 것을 인정하게 됩니다. 그런 행동이 내게 어떤 영향을 미치냐고요? 내 마음가짐을 바꾸어놓습니다. 매번 시합에서 우승하기를 기대하지 않는다면, 어떻게 시합을 해나갈 수 있겠습니까? 그가 배운 것을 저도 배울 필요가 있습니다. 좀 더 확신을 가지고 내가 가진 재능을 믿어야겠습니다. 내 자신을 더욱 신뢰하고, 시합에서 우승하기를 확신해야겠습니다."

심리학에서는 자기효능감이란 표현이 있다. 자기효능감이란 성공할 수 있다는 자기 자신의 능력에 대한 믿음이다. 자신에 대한 것만으로는 언제나 우승할 것이라는 보장이 생기지 않는다. 그렇지만 자신에 대한 믿음을 가짐으로써 이길 수 있는 위치에 자신을 올려놓을 수는 있는 것이다. 딕 벌메일은 자신과 선수들에게 확신을 가졌던 사람이다. 63세에 그는 세인트루이스 램스 팀의 감독을 맡아 팀을 슈퍼볼까지 진출시켰다. 펜실베니아 주립대학의 조 파테노 감독은 이렇게 말한다. "자신이 위대한 일을 해내야만 하는 운명을 타고 났다고 스스로 깊은 확신을 지니고 있어야만 한다."

예전에 뉴욕 메츠 팀은 6위에서 급상승해 내셔널 리그의 우승을 한 적이 있었다. 투수인 터그 맥그로우는 클럽하우스 연설시간에 이렇게 말했다. "자신을 믿어야만 합니다." 그의 이 말은 1973년도 뉴욕 메츠 팀이 월드시리즈에서 우승할 수 있도록 만들어준 모토가 되었다.

아칸소 대학도 마찬가지로 같은 시대에 황금기를 누렸다. 한 해에는 레이져 백스 팀이 오렌지볼에 참가할 수 있도록 만들어준 시합에서 승리를 하자, 흥분한 홈팀 팬들이 축구장에 오렌지를 던져 넣었다. 아칸소 대학팀 감독 루 홀츠는 이런 유머로 맞받아쳤다. "정말 다행입니다. 게이터(악어) 볼에 가지 않으니 말입니다."

하지만 이런 레이저 백스 팀의 상승도 곧 추락하게 된다. 오렌지볼에서 아칸소 팀은 오클라호머 팀을 상대하게 되는데, 그 해 전국 2위의 성적을 거둔 팀이었다. 오클라호마 대학의 수너스 팀은 겨우 1경기만을 지고 네브라스카 대학과 38-7의 대승을 거두고 올라온 상태였다. 아칸소는 조그만 팀이었다. 올 어메리컨에 뽑혔던 가드는 부상으로 벤치에 앉아 있었다. 게다가, 홀츠는 감독의 명을 어겼다고 공격팀의 주전 3명을 벤치에 앉혀버린 상황이었다.

언론은 아칸소 팀을 위한 위로문을 미리 작성하였다. 24점이나 뒤진 레이저 백스 팀은 승산이 없었다. 선수들이 신문에서 읽은 것을 점점 믿어가는 것을 간파해낸 홀츠는 경기가 있기 이틀 전 회의를 소집했다. 선수들에게 시즌 중 왜 이길 수 있었다고 생각하는지를 물어보았다. 선수들은 한 명씩 일어서서는 그 이유를 말하기 시작했다. 레이져 백스 팀의 완벽한 수비 팀을 언급한 선수가 있었다. 팀의 핵심이 손상되지 않은 점을 지적한 선수도 있었다. 이런 이야기를 하면서, 선수들은 각자에 대한 확신을 가지게 되었고, 회의 분위기도 완전히 일변하게 되었다.

홀츠는 한 친구에게 몰래 자기 팀이 38점을 얻을 것이라고 말했다. 물론 그는 지나치게 낙관적인 생각을 가지고 있었다. 하지만, 그렇게 정도가 넘은 것은 아니었다. 아칸소 팀이 31-6으로 이긴 것이다.

이런 예상을 뒤엎는 결과가 나온 후에, 한 스포츠기자가 락커룸에서 경기장으로 나와 구장에 섰을 때 레이저 백스 팀 선수들이 얼마나 사기가 고양되었는가를 지적해주었다. 기사단 같았다는 것이다. 홀츠가 선수들에게 어떤 말을 했을까? "나는 오클라호마 팀은 덩치도 크고, 성격도 거칠고, 힘도 세고, 지저분한 경기를 펼치고, 매우 공격적인 팀이라고 말했다. 락커룸을 나가게 되는 마지막 11명이 선발이 될 것이다."라고 루는 과묵하게 말했다.

신념은 자신감의 많은 부분을 차지한다. 비합리적이거나 비현실적인 확신은 스트레스를 야기시킨다. 성공과 스트레스의 ABC 이론을 한 번 살펴보자.

A는 사건의 발생$^{activating\ event}$을 말한다. 타이거 우즈는 페블 비치에서 열린 US오픈 선수권대회에 참가했다. B는 그 사건에 대한 확신$^{belief\ about\ the\ event}$을 말한다. 타이거 우즈는 자기에게 이렇게 말한다. "나는 새로운 기술을 습득했습니다. 열심히 연습했습니다. 코스를 잘 압니다. 필드에 나가서 즐거운 라운딩을 하겠습니다." C는 결과^{consequences}로 얻어지는 생각이나 기분이나 그밖의

것들을 말한다. 타이거는 이렇게 말한다. "자신감이 넘쳤습니다. 공격적이고 현명하게 게임을 했습니다."

어떤 선수는 자신에게 비현실적이고 비합리적인 확신을 지니고 있는 경우가 있다. 어떤 선수들은 자신의 체격이 충분히 크지 않거나, 근력이 충분하지 않거나, 충분히 빠르지 않거나, 어느 수준의 대회에서 시합할 준비가 되어있지 않다는 생각을 갖고 있다. 나는 이런 선수들에게 이런 질문을 한다. "그 증거가 뭐죠?"

어떤 선수들은 실패는 창피스런 일이라는 생각을 가지고 있다. 그렇지만 사실은, 인생이란 것이 실패 위에서 이루어지는 것이다. 만약 실패하지 않으면, 자신에게 필요한 정도로 어려운 일들을 맞닥트리려고 하지 않을 것이다. 만약 우리가 어렸을 때, 실패에 대한 두려움을 가지게 되었다면, 즉 실패는 정말 나쁜 것이라는 생각을 했다면, 우린 결코 걷는 법을 배우지 못했을 것이다. 이런 비합리적인 생각을 하는 선수들도 있다. "만약 내가 잘하지 못하면 날 좋아해주는 사람은 아무도 없게 될 것이다. 나는 왕따를 당할 것이다." 이런 종류의 사고방식이 만들어내는 압박감을 한 번 상상해보라. 승리하지 못하면 실패자라고 생각한다면, 실패하면 아무도 사랑해주지 않을 것이라고 확신한다면, 위험을 무릅쓰는 것이 무섭다고 생각한다면, 완벽하지 못한 것은 받아들여지지 않는다고 믿는다면, 우리 삶에서 믿음과 확신이 만들어내는 것이라고는 심각한 사회 문제와 폭동일 뿐이다.

선수들이 이런 비합리적인 믿음들을 없애버리는 한 가지 방법은 긍정적인 확신을 통해서이다. 이런 긍정적인 확신은 강력하고 긍정적이고 현재형으로 표현되어야 한다. 무하마드 알리가 이 긍정적 확신의 대가였다. "사람들로 하여금 인생의 난관에 맞닥트리기를 겁내도록 만드는 것은 신념의 부족이다. 나는 나 자신에 대한 확실한 신념을 지니고 있다. 뛰어난 챔피언이 되려면, 우리는 자신이 최고라는 것을 확신해야 한다. 그렇지 않다면, 그런 척이라도 해야한다." 이 전 헤비급 챔피언이면서 복싱계 최고의 쇼맨은 부드러운 목소리로 미소를 지으면서 이렇게 말한다. "난 지독한 놈이라 치료약까지도 아프게 만든다!" 알리는 이 세상에는 '대^{great}'자를 붙일 수 있는 대상은 둘뿐이라고 주장했다 ― "대영제국과 대알리."

야구계 최고의 타자인 로드 케류는 이런 질문을 했다. "자신이 선발에 출전할 자격을 갖춘 선수라고 믿는가 아니면 후보 선수라고 믿는가? 올스타 선수라고 믿는가 아니면 2군 선수라고 믿는가? 이 질문에 대한 답들이 모두 후자라면 경기장의 시합모습에서 그것이 반영될 것이다. 하지만, 외부의 영향요인들을 차단하고 자신에 대한 확신을 가지는 방법을 배운다면, 얼마나 훌륭한 선수가 될 수 있는가는 아무도 모른다."

'개구쟁이 데니스' 만화에 보면 데니스가 산타클로스에게 이런 질문을 하는 장면이 나온다. "산타클로스 할아버지는 자신을 믿으세요?"

자신에게 이와 동일한 질문을 던져라. 내가 믿고 있는 신념체계는 무엇인가? 내 꿈, 내 목표, 내 재능을 믿는가? 기억하라. 내가 머릿속에 그릴 수 있는 것과 내 마음 속에 믿고 있는 것은 내가 성취할 수 있는 것들이다.

믿음은 행동을 불러일으킨다.
자신을 스스로 한정시키는 믿음은
자신을 스스로 패배시키는 행동을 불러일으킨다.
자기 자신과 자신의 능력에 대한 믿음을 가져라.

21

두 귀 사이

Between the Ears

> 어떤 생각을 하고 있는가,
> 즉 자기 마음이 어떤 모양새를 하고 있는가가
> 가장 큰 차이를 만들어내는 요인이다.
> — 윌리 메이스

> 골프시합은 주로 15센치미터의 경기장에서 벌어진다.
> 두 귀 사이에 있는 공간말이다.
> — 보비 존스

운동선수들은 깊은 슬럼프에 빠지는 경우가 있다. 스포츠심리학에서 원인을 조사하는 방법은 비행기 사고시 블랙박스와 음성 녹음기를 조사하는 일과 동일하다.

비디오를 플레이어에 넣고 시작단추를 눌렀다. 내 사무실에 앉아있던 메이저리그의 한 선수는 대형스크린 TV에 나온 인물을 알아보았다. 바로 자기 자신이었던 것이다. 마운드에 서서는 워밍업 투구를 몇 개 던졌다. 그 불쾌한 날의 장면과 소리와 감정과 기분이 다시 그의 머릿속에 떠올랐다. 타자가 타석에 들어서는 장면이 나왔다. 자리를 잡고 배트를 앞뒤로 흔들면서 그는 60피트 6인치 거리에 떨어져있는 인물을 향해서 두 눈을 부릅떴다.

나는 투수에게 이 때 어떤 생각을 했는가를 물어보았다. 시합이 시작되기 바로 전에 말이다.

"워밍업을 할 때 그다지 좋은 상태가 아니었습니다." 이렇게 말을 시작했다. "이 친구를 볼 넷으로 걸어 나가게 만들지 않았으면 좋겠다고 생각했습니다."

"다른 것은?" 내가 물었다.

그의 대답 속에서 아주 힘이 없는 것을 알아차릴 수 있었다. "이 친구는 정말 빠르다. 1루에 진출하면 틀림없이 2루에 도루를 할 것이다. 우리 팀 포수는 송구가 그다지 좋지 않다. 도루를 시도하면, 점수를 만들 가능성이 높아지고, 우리 팀은 지고 있는 상황에서 이겨본 적이 별로 없고…"

"자신이 하는 말에 귀를 기울여. 귀를 기울이라고."

그 투수는 풀이 죽은 모습으로 입가에 미소를 띠었다. 당시 그는 자신의 부정적 사고방식에 대해서 잘 느끼지 못하고 있었다. 그러나 이제는 자기가 하는 말을 귀로 듣고 패배를 위한 시나리오를 작성하고 있는 것이었다. 첫 번째 공을 던지지도 않은 이 상황에서 말이다! 그가 형편없는 시합을 한 것도 무리는 아닌 것이다.

그리고 나서, 나는 그에게 어떤 다른 생각을 할 수 있었는가를 물어보았다.

그 투수는 화면에 비춰진 자신의 모습을 한 번 곰곰이 생각해 보았다. '강속구의 제구력은 좋았는데…' 이 하나의 긍정적 생각이 다른 좋은 생각을 이끌어내었다. "만약 볼넷으로 보냈더라도 공을 낮게 던져서는 다음 선수를 맞춰잡아 더블 플레이도 할 수 있었는데… 타자는 걱정하지 마라… 한 번에 한 공씩… 오직 한 가지만 집중하고 긴장을 풀어라. 포수의 미트만 생각하라…"

우린 모두 우리 머릿속에서 대화를 한다. 나는 그것을 자기대화라고 부른다. 운동선수는 누구나 두 개의 상반되는 목소리를 듣게 된다. 하나는 부정적 비판가이고, 다른 하나는 긍정적 코치다. 어떤 목소리를 듣는가는 선택의 문제다.

프로골퍼인 아놀드 파머는 라커룸에 이런 말을 붙여놓았다.

패배할 거라고 생각하면, 패배한다.
해낼 수 없다고 생각하면, 해내지 못한다.
이기고 싶지만, 그럴 능력이 없다고 생각하면,
거의 확실하게 이기지 못한다.

질 것이라고 생각하면, 이미 진 것이다.
저 밖 세상에서는 성공이란 것이
자기 자신의 의지로부터 시작되기 때문이다.
모든 것이 마음의 상태에 달려있다.

우리 삶의 전투는 강한 자나 빠른 자에게만
유리하게 돌아가지 않는다.
그 전투에서 이기는 자는 바로
자신이 할 수 있다고 생각하는 사람이다.

우리의 신념과 태도처럼, 우리의 생각도 아주 강한 우리 편이 될 수 있다. 우리의 생각은 우리의 기분에 영향을 미치며, 우리의 기분은 우리의 실력에 영향을 미친다. 내가 하는 일은 선수들로 하여금 보다 명료하게 생각하고 자신의 마음을 보다 효과적으로 활용할 수 있도록 만드는 것이다. 마음속에 있는 '부정적 비판가'를 '긍정적 코치'로 바꾸도록 선수들을 가르쳐 주는 것이다.

마리너스 팀의 더블A 클럽에 속한 뉴 헤이븐 레이븐스 팀을 방문할 때였다. 하루는 컨네티컷시에 있는 예일 필드 경기장에 있었는데, 중견수를 맡고 있던 한 신참 선수가 타격연습장에서 연습이 잘 안되는 것을 보게 되었다. "맥, 나는 잘 할 수가 없을 것 같아요." 그 선수는 중간휴식 시간에 이렇게 말하는 것이었다. 머리를 흔들어댔다. "뭐가 잘못되었는지, 뭘 어떻게 해야 하는지 모르겠어요." 그의 부정적 비판가가 그의 귀에다가 확성기를 대고서 크게 소리치며 열심히 일을 하고 있었던 것 같다.

난 이렇게 말했다. "한 가지만 물어보자. 켄 그리피스 주니어가 그런 식으로 생각했다면, 그가 그처럼 훌륭한 타자가 될 수 있었을 것이라고 생각하니?" 이 질문은 그 초보선수를 멈칫하게 만들었다.

그리피스 주니어가 자기처럼 생각했더라면, 마리너스 팀에서 그렇게 훌륭한 타격을 보여주지 못했을 것이라는 점을 이 선수는 잘 알고 있었다. 이 선수의 생각이 이 선수의 타격보다 훨씬 더 크게 자신을 어렵게 하고 있었다. 그는 자신의 사고방식을 바꾸어야만 했다. 최소한 생각에 휴식을 좀 주어야 했다. 테드 윌리엄스는 이런 상황에 적절한 아주 훌륭한 격언 한 마디를 한 적이 있었다 — "좋은 생각이 떠오르지 않으면, 너무 많은 생각을 하지 말 것."

비합리적이고 비현실적인 믿음들을 가지고 있는 것과 마찬가지로, 우리는 왜곡되고 비정상적인 사고방식을 행하는 잘못을 저지르고 있다. 애틀란타 브레이브스 팀의 투수인 톰 글래빈은 이런 말을 했다.

"특정 타자를 만났을 때, '이것은 하지 말자'라는 생각을 한 시점이 있었다. 나는 내게 커브볼을 던지지 말라고 이야기한다.

그러면 틀림없이 그 공을 던진다. 하지만, 나는 이제는 '이것을 하자'라는 방향으로 생각한다. 정말로 큰 차이를 만들어준다."

부정적 비판가의 목소리에 귀를 기울이던 한 프로 골퍼와 상담한 적이 있다. 그 선수처럼, 그도 자신의 경기모습을 비디오로 시청했다. 이 샷을 칠 때 어떤 생각을 하고 있었는가? 다음 샷에서는 어떤 생각을 했었는가? 자신의 부정적인 목소리를 듣고 난 후, 나는 자신에게 긍정적인 코치를 해줄 수 있는 사람이 누구인가하고 물어보았다. 그는 켄 벤투리라고 말했다. 비디오를 다시 시청하면서 나는 그에게 벤투리라면 자신에게 어떤 말을 해줄 것 같은지 물어보았다.

"이 샷을 잘 칠 수 있는 실력이 충분하다고 말할 것 같아요. … 나는 이 샷을 잘 칠 수 있다. … 내 스윙을 믿으라고요…"

타이거 우즈는 언제나 긍정적 코치와 함께 시합을 한다. 1999년 PGA 선수권대회의 마지막 라운드에서 그는 17번 홀에서 2.5미터 퍼팅을 할 순간이었다. 서지오 가르시아가 한 타로 바짝 뒤를 쫓고 있었다. 타이거 우즈가 공 앞에 서자, 그는 낮익은 목소리를 들었다. 자기에게 골프를 가르친 사람의 부드러운 목소리였다. 그 사람은 관중 가운데 있지 않았다. 그는 수 마일 밖에서 tv를 보고 있었다. "네 스트로크를 믿어라" 그 목소리는 이렇게 속삭였다. "네 스트로크를 믿어."

우즈는 그 목소리를 들었고 그것을 믿었다. 퍼팅은 성공했다.

그날 밤 승리 축하연에서 얼 우즈의 아들은 이렇게 말했다. "목소리가 들렸어요, 아빠."

나는 어떤 목소리를 듣는가? 어떤 목소리가 더 큰가, 부정적 비판가인가 아니면 긍정적 코치인가? 자신에게 긍정적인 사고방식을 가져다주고 강화시켜주는 목소리를 선택해서 들을 수 있다.

이런 이야기가 있다. 생각이 말이 된다. 말이 행동이 된다. 행동은 습관이 된다. 습관은 성품이 된다. 그리고 성품은 자신의 운명이 된다.

심리훈련은 생각을 보다 명료하도록 도와주고
정신을 보다 효과적으로 활용하도록 가르쳐준다.
나쁜 공에는 배트를 휘두르지 않는 것을 배우는 것과 같은 방식으로,
나쁜 생각을 쫓지 않는 것을 배워야 한다.
부정적 비판가를 긍정적 코치로 전환시키는 법을 배워라.

22

하인 혹은 주인
Servant or Master

> 자신의 감정을 통제하는 법을 배워라.
> 그렇지 않으면 감정이 자신을 통제할 것이다.
> — 에드가 마르티네즈

> 이성을 잃고 냉정을 유지할 수 없는 야구선수는
> 형편없는 야구선수보다 훨씬 더 형편없는 존재다.
> — 루 게릭

필라델피아 필리스 팀은 휴스턴 아스트로스 팀에게 한 경기를 어이없이 내주었다. 9회 말 승리 타점을 허용한 것이다. 감독이 이 패전팀의 선수들이 경기직후에 클럽하우스로 와서는 저녁 뷔페를 먹는 것을 보고는 두 눈이 휘둥그레졌다. 혈압이 상승하는 것을 느꼈다. 손을 한 번 휘젓자, 주장은 식탁을 치우고는 샐러드와 감자 칩과 과일 몇 가지만 가져다 놓았다.

"와, 여기서는 음식이 정말 빨리도 없어지는 군요." 한 신인선수가 이런 말을 하자 바베큐 소스 냄새로 가득찬 연회장은 물을 끼얹은 듯 조용해졌다.

스포츠만큼 감정과 열정을 빠르게 불러일으키는 것도 없다. 우린 이런 불같은 감정상태를 지미 코너스 같은 선수들에게서 찾아볼 수 있다. 그는 이렇게 말한다. "난 감정을 먹고 삽니다. 감정으로부터 나오는 에너지는 내 경기수준을 높여줍니다." 우리 관람하는 관중들로부터도 이런 상태를 발견할 수 있다. 운동선수 한 명의 경기모습 만으로도 온 나라를 흥분시키고 열광시킬 수 있는 것이다.

박세리 선수는 거의 무명으로 한국을 떠났다. LPGA 대회에서 4번의 우승을 거둔 후에 이 어린 골프선수가 다시 서울로 돌아오자, 수천명의 팬들이 공항에 운집했다. 한국인들은 그녀를 자신의 가슴 속에 간직하게 된 것이다. 박세리는 역경을 딛고 우뚝 선 한국의 국민적 승리의 상징이 된 것이다.

우리의 태도, 신념, 그리고 생각이 우리의 현실을 창조해낸다. 이것들은 또한 우리의 감정까지도 만들어낸다. 기쁨이 그 한 가지다. 자부심도 그 한 가지다. 분노와 두려움도 있다. 운동경기에 참가해본 적이 있는 사람이라면 아마도 이 네 가지 감정을 모두 겪어보았을 것이다.

'자신을 극복하기'라는 절에서 '맞서 싸우기 아니면 뒤로 도

망가기'라는 진화론적으로 유전된 행동기제에 관해서 말한 적이 있다. 위협을 받거나 스트레스를 받는다고 느끼게 되면, 우리의 심장은 빨라지고 호흡도 빨라지고 손에는 땀이 솟는다. 아드레날린 칵테일을 들이 마시는 것과 같다. 우리는 이런 충동을 맞서 싸우거나 아니면 뒤로 도망감으로써 반응한다. 이 후자의 반응은 분노를 야기시킨다.

마이크 타이슨을 훈련시킨 커스 아마토는 감정, 특히 분노는 불과 같다고 한다. 이 둘은 음식을 요리할 수 있게 해주고 몸을 따뜻하게 만들어 줄 수 있지만, 잘못하면 집을 몽땅 태울 수도 있다고 한다. 훌륭한 선수들은 대부분 분노를 긍정적 방식으로 활용한다. 분노는 이들을 자극하고 동기유발시키며, 결심을 단단하게 만든다. 두려움 보다는 오히려 분노를 일으키는 것이 훨씬 더 낫다.

지난 시즌 한 경기에서 랜디 존슨은 스터링 히치코크를 상대하고 있었다. 스터링은 바로 전에 연타석 홈런을 내준 상태였다. 샌디에고 팀의 이 투수는 랜디 존슨의 왼쪽 팔꿈치에 공을 던졌다. 존슨은 화가 치솟았다. 그 상황에서 존슨은 싸움을 일으키고 퇴장을 무릅쓸 수도 있었지만, 그렇게 하지 않았다. 자신의 분노를 누그러트리면서 다시 마운드로 돌아갔다. 그리고는 11명의 타자를 스트라이크 아웃시키면서 완투승을 거두었다. 시즌 전적을 7승 무패로 만들었다.

알버트 벨르는 야구공을 펜스 너머로 날려버리는 것으로 분노를 활용한다. 피트 로즈는 이렇게 경고의 말을 했다. "내 자부심을 건드리면, 힘든 일을 당하게 될 거야." 마이클 조단도 자부심을 중히 여기는 선수중의 한 명이다. 농구 코트 위에서 도전을 받게 되면, 그는 샘 스니드가 '냉정한 광기'라고 부른 그런 마음 상태를 보여준다. 플레이 오프전에서 뛸 때면, 조단은 언제나 미소짓는 저격수가 된다.

스포츠는 기분을 엄청 나쁘게 만들 수 있다. 화가 나게 되면 아무 생각없이 반응을 보이게 된다. 12살 때 비욘 보그는 자신의 감정을 조절할 수 없었다. "난 내 라켓을 아무 데나 내던졌다. 공을 펜스 너머로 쳐냈다. 정말 별짓을 다했다." 이 유명한 테니스 스타는 이렇게 말한다. "우리 부모님은 너무도 창피해서 내 시합에는 전혀 나타나지 않으셨다."

아서 애쉬는 10살 때 처음으로 라켓을 던졌다. 아서 애쉬에게 처음으로 테니스를 가르쳐준 로날드 채리티는 로버트 존슨 박사에게 그를 데리고 갔다. 존슨 박사는 버지니아 주 린치버그 시에 살고 있던 흑인 외과의사로 테니스 매니아였다. 그의 훈련은 고되고 아주 길었다. 1950년대 미국남부는 아직 인종차별이 심했고, 존슨박사는 백인 시합감독관들은 흑인이 시합에 참가할 때에는 어떤 꼬투리라도 발견하면 그 즉시 퇴장시킬 것을 알고 있었다. 나는 어렸을 때 아서 애쉬와 같이 시합을 한 적이 있는데, 그 때의 아서 애쉬는 너무나도 침착한 아이였다.

보비 존스는 어렸을 때부터 동네 골프장에서 이길 수 있는 사람이 없었다. 그런데 그는 아주 못된 성질을 가지고 있었다. 별명이 '골프채 던지는 놈'이었다. 마침 사람들이 바트 할아버지라고 부르는 노인과 친구가 되었는데, 골프장 프로샵에서 아르바이트를 하던 분이었다. 14살 때 보비 존스는 전 미국 아마추어 골프대회에 출전했지만 우승을 하지 못하고 왔다. 바트 할아버지는 이렇게 말했다. "보비야 넌 그 시합에서 우승할 정도의 실력을 가지고 있단다. 하지만, 네 성질을 조절하지 못하면 시합에서 결코 우승하지 못할 거야."

존스는 그 노인의 말씀이 옳다는 것을 잘 알고 있었다. 하지만 그가 시합에서 처음으로 우승한 것은 7년이나 지난 뒤였다. "보비는 이미 14살 때 골프라는 스포츠를 마스터했다. 하지만 자신을 마스터한 것은 21세가 되어서였다."라고 바트 할아버지는 말했다.

분노가 내 자신의 내면에 있는 것을 불러 일으키도록 놓아두면, 대부분의 경우 나오는 것은 가장 나쁜 것이다. 농구선수인 래드렐 스프레웰은 자기 코치의 목을 졸랐다. 로베르토 알로마는 심판에게 침을 뱉고서 야구사상 가장 욕을 많이 먹는 선수 중 한명이 되었다. 마이크 타이슨이 이반더 홀리필드의 귀를 물어뜯은 후, 심리검사를 받으라는 명령을 받았다. 통제되지 않은 분노는 스포츠 장면에서 폭동과 심지어는 죽음까지도 불러올 수 있는 것이다.

마르티네즈 선수와 인터뷰를 할 때, 그가 마이너 리그에서 메이저리그로 올라올 때 개인적으로 가장 크게 배운 것이 무엇인가를 물어보았다. 그의 답변은 놀라웠다.

"전 제 감정을 통제하는 것에 대해서 많은 노력을 기울입니다. 전 그리 나쁜 성질을 가지고 있지는 않습니다. 하지만 과거에 제가 한 못된 일들에 대해서 잘 알고 있습니다. 벽을 치거나 헬멧통을 치거나 하는 것들 말이죠. 하지만 전 노장 선수들로부터 그런 짓은 도움이 되지 않는다는 점을 배웠습니다. 팀동료나 상대팀 선수들에게 나의 기분상태가 좋지 않거나 정신적으로 문제가 있는 상태라는 것을 드러내서는 안됩니다. 우리 팀 선수들을 어렵게 만듭니다. 저를 신뢰할 수 없게 되기 때문이죠. 만약 화가 치밀어 오르면, 시합장에서는 그래서는 안 됩니다. 화장실로 가거나, 혹은 혼자 있을 수 있는 장소로 가서는 그곳에서 그것을 풀어야 합니다. 이것이 바로 내가 배운 최고의 교훈이라고 생각합니다."

얼마가지 않아 비욘 보그도 이런 사실을 배우게 되었다. "코트에서 자신의 감정을 통제하지 못하는 선수는 절대로 훌륭한 선수가 될 수 없다." 잭 니클라우스는 아주 좋은 질문 한 가지를 묻는다. "화를 내지 않았다면, 감정이 뒤틀리지 않았다면, 그래서 치기 전에 공략계획을 세우고 언제나 자신의 능력을 최대한 발휘하였다면, 얼마나 많은 샷을 아낄 수 있었겠는가?"

최고의 선수는 감정의 주인이지 감정의 하인이 아니다. 분노와 분통에 의해서 통제당하는 타자는 다음 타석에서 절대로 좋은 스윙을 할 수 없다. 그는 스스로에게 스트레스를 준다. 그는 출루한 선수가 아무도 없는 상태에서 3점 홈런을 치려고 하는 것처럼 느낀다.

　투수 짐 파머는 화가 날 때면 그는 항상 자리에 앉아 뭐가 잘못되었는지를 분석하고 다음에는 그것을 고치려고 노력한다고 말한다. 59세에 메이저리그에서 투수를 했던 전설적인 사첼 베이지는 이렇게 말한다. "머리가 부글거리면, 가만히 누워서는 차가운 생각으로 그것을 조용히 만들어라."

　간단한 말이지만, 참으로 명언이다.

화를 내지 말고 해결안을 내라.
화가 자신의 내면에 있는 최고의 것을 걷어내면, 최악의 것이 밖으로 드러난다.
가장 중요한 것은 "누가 통제권을 쥐고 있는가(나인가 내 감정인가)?"이다.
기억하라.
자신의 운동수행능력을 통제할 수 있기 전에,
반드시 자기 자신의 감정을 통제해야 한다는 점을.

23

두려움을 받아들여라
Fear Lives in the Future

모든 위험요소 가운데 최악의 것은 두려움이다
— 샘 스니드

미식축구 리시버가 할 수 있는 행동 가운데 최악의 것은 공을 잡지 못할 것이나 태클당하는 것을 두려워하는 것이다.
— 제리 라이스

휘닉스 시의 소방대는 프로 스포츠팀 선수를 뽑는 것처럼 신규채용 과정이 까다롭다. 소방대원이 되길 원하는 지원자는 최적의 자질을 갖추고 있어야 한다. 지원자들은 완전복장을 하고 실제 구조상황에서 고가 사다리 오르기와 같은 아주 힘든 다양한 과제들을 수행해내어야만 한다.

지난 20여년 동안 나는 소방대원 지원자들의 심리적 측면을 검사하는 일을 맡아왔다. 강의 중에 실제로 시범을 보이기도 한다. 혼자서도 해볼 수 있는 그런 테스트다. 의자에 앉거나 식탁 위에 앉으라고 하면 그것을 못할 사람이 있을까? 아마 없을 것이다. 하지만 만약 그 의자나 식탁이 20층 이상의 공중에 떠 있다면 어떨까? 그리고 그 위에 앉으라고 하면 어떨까? 어떤 생각이 들까? 어떤 느낌이 들까? 해낼 수 있을까?

과제는 동일하다. 그런데 뭐가 다를까? 대부분의 사람들 경우에 그것은 '두려움'이다.

두려움은 어떤 지각된 위험이나 위협에 대한 심리적 반응이다. 전설적인 골퍼였던 샘 스니드가 말했듯이, 최악의 해저드는 두려움이다. 긴장과 의혹과 공포를 불러일으키기 때문이다. 아프리카 사파리를 여행하고 있을 때, 스니드는 약 10미터 거리에서 야생 코끼리를 향해 총을 쏜 적이 있었다. "내 바로 앞까지 왔을 때도 나는 전혀 무섭지 않았지. 하지만 1m짜리 퍼팅은 날 죽일 정도로 무섭게 만들어." 두려움은 신경전달 물질을 분비하여 하고자 하는 일을 잘 못하게 만들어버린다. 스포츠를 할 때 무서우면 소심하게 경기를 하게 된다. 부정적인 측면에 초점을 맞추고는 실수를 할까봐 걱정하기 때문이다.

최근에 나는 대학 때 같은 기숙사를 쓴 친구와 골프를 친 적이 있다. 크리스는 농구부 주장이었고 나는 테니스부 주장이었다. 우린 약 30년 동안이나 함께 골프를 치면서 경쟁을 해왔다. 나는 크리스보다 훨씬 골프를 잘 친다. 그래서 칠 때 그를 항상 이겨야 한다. 하지만 그가 애리조나에 와서 우리 동네 골프장에서 골프를 치는데도, 나는 잘 치지 못한다. 내가 잘하는 방식으로 경기를 하는 대신에, 소심하게 경기를 한다. 나는 지지 않으려고 안전하게, 조심스럽게 시합을 한다. 공이 홀을 지나는 것을 두려워하고, 퍼팅을 3번 하는 것을 두려워하고, 내 상대의 핸디캡에 한 타 뒤지는 것을 두려워하면서, 나는 그대로 긴장을 해서 첫 퍼팅을 짧게 하고는 3번 퍼팅을 하게 된다. 내가 배워야만 했던 교훈(아직도 실천하려고 노력하고 있는데)은 두려움이 날 통제하도록 놓아두어서는 안 된다는 것이다. 실수하는 것에 대한 걱정을 그만두어야 한다.

두려움은 우리가 어렸을 때부터 배우는 것이다. 키가 큰 코치가 이렇게 말했을 것이다. "너 또 망쳐버렸구나!" 또는 "어떻게 그렇게 바보 같을 수가 있니?" 어린아이들은 이런 비난적인 메시지를 내면화시킨다. 이렇게 아이들은 어렸을 때부터 실패에 대한 두려움을 키워가는 것이다. 잘못된 일을 하는 것에 대한 두려움 말이다.

나는 장애인들을 위한 스페셜 올림픽 대회에 아주 깊은 관심을 가지고 있다. 이 대회의 표어는 "이기도록 해주십시오. 만약 이기지 못하면, 용기 있게 시도할 수 있도록 해주십시오." 코치와 자원봉사자들은 모든 운동선수들이 필요한 것을 제공해준다. 격려와 칭찬이다. 정신적 장애를 지니고 있는 대부분의 스페셜 올림픽 대회 참가선수들은 50m 달리기를 할 때, 멀리뛰기를 할 때, 해머던지기를 할 때 전혀 실패에 대해 두려워하지 않는다. 이 선수들은 지금, 바로, 이 순간을 살고 있기 때문이다. 이들은 즐거워하며 많은 것을 보상받는다.

두려움은 오즈의 마법사에 나오는 마법사를 생각나게 한다. 이 마법사는 커튼 뒤에 숨어서 목소리만 들린다. 쩌렁쩌렁한 큰 목소리다. 그 주인이 누구일까를 생각하면서 우리는 크고 강력한 두려움을 느끼게 된다. 어떤 선수들은 두려움에 저항하지만, 어떤 선수들은 두려움을 거부한다. 어떤 선수들은 두려움을 정복하려 한다. 나는 이것들 가운데 어떤 것도 하지 말도록 당부한다. 두려움은 운동경기를 하는 자연스러운 한 과정이다. 전 올림픽 출전 선수인 부르스 제너는 이렇게 말한다. "두려움은 과정의 한 부분이다. 두려움을 느끼지 않는다면, 문제에 당착하게 될 것이다."

두려움에 저항하면 그것이 없어지지 않도록 만들기만 할 뿐이다. 물 속으로 공을 집어넣으려고 하는 것과 같다. 힘을 더 주면 줄 수록, 물 위로 튀어오르려고 할 뿐이다.

운동선수는 두려움을 받아들이고, 자기 몸이 더욱 활성화되어야 한다는 것을 말해주는 신체적 표현이라는 것을 깨달아야 한다. 두려움이 자신을 사냥하도록 놓아서는 안된다. 자신이 두려움을 사냥해야 하는 것이다. 커튼을 밀어젖혀라. 두려움의 가면을 벗겨버리고 그것을 내려보아라. 그것을 검토해보아라. 잭 니클라우스는 이런 말을 한다. "두려움이 날 때리기 시작하면 내가 그것을 극복해낼 수 있는 방법은 그것을 정면으로 바라보고 이성적으로 그것을 분석하는 것이다. 나는 스스로에게 이런 말을 한다. '좋아, 뭐가 두려운거냐? 전반적으로 아주 잘 치지 않았는가. 언제나 골프경기로부터 최고의 것을 얻어낸다고 스스로에게 말하지 않았느냐. 그러니, 최선을 다하고 즐겁게 경기를 해라. 한 번에 한 샷씩 치고, 어려움들을 해결하라."

애리조나 주 스콧스데일 시에 있는 오렌지 트리 골프장 옆에 산 적이 있었다. 우리 집은 17번 홀 티 박스에서 약 240야드 정도 떨어진 곳에 있었다. 뒷마당에는 두 개의 골프공이 자주 떨어져있었다. 같은 회사 제품으로 서로 30센티미터도 안되게 떨어져 있는 것이 내게는 아주 신기했다. 동네 골퍼가 드라이버샷이 슬라이스를 먹어 아웃오브바운드 되는 것이 겁이 났던 것이 분명했다. 그의 부정적 생각이 그가 가장 두려워하는 그런 결과를 만들어냈던 것이다. 두 번째 공을 티에 올려놓을 때 그는 똑같은 실수를 저지를 것을 걱정했을 것이고, 실제로 그런 실수를 저지르게 된 것이다. 미국 올림픽 양궁팀의 전 감독이었던 알 핸더슨은 이런 말을 한다. "방금 쏜 화살에 대해서 안달하게 되면, 바로 다음 화살도 그렇게 된다."

올 프로 와이드 리시버로 선정된 제리 라이스는 걱정이 운동에 마이너스가 된다는 사실을 배웠다. "전 많이 성숙해졌습니다. 패스를 잘 받지 못하면, 전 제 자신을 나무라지 않습니다. 제가 신인이었을 때처럼 말이지요. 공이 짧았을 경우에는 전 너무 긴장해 있었죠. 너무 많은 것을 하려고 했고, 너무 많은 생각을 하게 되지요. 연습시에 수천 번이나 한 것(공을 잡는 것)을 하는 대신에, 공을 떨어뜨리게 되는 것을 걱정하게 되는 겁니다."

두려움은 우리의 삶에 어떤 한계를 가져다 줄까? 우리의 운동 실력에는? 두려움에 어떤 생각이 함께 따라 다니는가? 어떤 신체적 느낌을 느끼게 되는가? 화를 동기유발체로 활용하는 뛰어난 선수들은 두려움을 자기편으로 만든다. 부르스 제너의 말을 한 번 더 들어보라. "무서워서 죽는 줄 알았습니다. 하지만 나는 두려움이 내게 우호적으로 도움이 되도록 만들었습니다. 두려움은 내 바로 뒤편에 있었습니다. 10cm 뒤에 말이죠. 그것을 느낄 수 있을 정도였습니다. 하지만 그것은 내 뒷덜미를 잡을 수 없었습니다. … 나는 두려움을 잡아서 내게 유리하도록 활용할 것입니다."

기억하라. 두려움은 자신을 안전하게 만들어주지 않는다는 것을. 안전은 꾸준한 훈련이 만들어주는 것이다.

두려움이 자신을 떨도록 만들지 말 것.
두려움을 느끼고 자기가 해야 할 일을 할 것.
두려움은 진짜처럼 보이는 가짜 증거다.

24

호흡으로 집중하라
Breathe and Focus

> 누구나 역전패를 당한다.
> 승자는 패자보다 역전패를 다루는 방법을 좀 더 잘 알 뿐이다.
> — 존 메켄로

> 불편한 상황을 편안하게 느낄 수 있는 법을 배워야 한다.
> — 루 피니엘라

무너지는 것.

스포츠에서 가장 혐오하는 말이다.

사회는 스포츠에서 후반에 무너져서 역전패 당하는 것은 불명예스러운 것, 낯부끄러운 것, 용서받을 수 없는 행동으로 취급한다. 무너져서 역전패 당하는 선수들은 겁쟁이로 취급받는다. 의지가 박약한 것. 이런 선수의 도덕적 정신상태는 크게 잘못된 것이다. 휴스턴 로켓츠팀은 1994년 NBA 플레이오프전에서 휘닉스 선스팀에게 홈경기에서 4쿼터에서 20점이나 앞선 상태에서 패배했다. 다음 날 휴스턴 시에서 발행되는 모든 신문은 이 사실을 비난하는 머릿기사를 이런 제목으로 실었다. "역전패 도시"

"왜 우리 도시에서 이런 일이?" 한 스포츠기자는 감정이 복받쳐서 이런 기사를 썼다. 로켓츠팀의 패배를 자기 자신의 패배로 생각하는 것처럼 말이다. 그의 얼굴을 치욕으로 빨갛게 붉어졌다.

스포츠 세계에서는 역전패를 당하는 것보다 더 치욕스러운 것은 없다. 하지만 역전패는 항상 일어난다. 윔블던에서도 일어나고, 올림픽 대회에서도 일어난다. 그 질병에 면역되어 있는 선수는 아무도 없다.

"선수들은 누구나 역전패의 경험이 있다." 전미 오픈 골프선수권대회에서 2년 연속 우승을 차지한 커티스 스트레인지 선수는 이렇게 말한다. "그런 적이 없다면, 사람이 아니다. 우리는 골프를 치는 일반인들처럼 시합에 나오게 되면 긴장하고 불안해한다." 리 트레비노는 긴장하고 불안해하는 골프 선수를 기계적 결함이 있는 자동차 경주차에 비유한다. "누구든지 기름이 샌다."

1996년 그렉 노먼은 마스터스 골프대회에서 6타차의 선두를 그대로 공중에 날려버렸다. 그의 경우는 1964년 시즌 내내 승승장구하던 필라델피아 필리스 팀의 막판 침몰과 힌덴부르그 비행선의 참사를 상기시켰다. 지난봄에 블래인 맥칼리스터는 뉴올리언즈 시에서 열린 골프대회에서, 마지막 홀에서 파만 해도 7년만의 PGA 첫 승을 올릴 수 있었다. 그는 보기를 했다. 연장 첫 번째 홀에서 1m 짜리 퍼팅만 성공시켰어도 우승을 할 수 있었다. 그러나 맥칼리스터는 다음 홀에서 카를로스 프란코에게 승리를 내주었다.

맥칼리스터는 어떻게 된 것이냐는 질문을 받자 이렇게 말했다. "너무 장시간 시합을 했고, 나이가 먹어서 그런지 정신집중이 잘 안되었습니다. 필드에서 계속해서 온몸에 힘이 빠져나가는 것 같았습니다. 전혀 시합이 뜻대로 되지 않았고, 무너져서 (73번째 홀에서) 실수했다는 것을 시인합니다. 그게 치명적이었습니다. 한참동안은 그것에 대해서 말들이 많겠지요."

맥칼리스터만이 아니다. 크레이그 스태들러는 휴스턴 오픈대회에서 1996년 이후 첫 승을 올릴 기회를 잡았었다. 하지만 연장전 3개의 홀에서 퍼팅을 연달아 실수했고 로버트 앨렌비에게 우승을 내주었다.

"무너지는 것"은 사람들이 보여주는 일상적인 반응이다. 어떤 지각된 심리적 위협에 대한 생리적인 반응이다. 무너지는 것(혹은 역전패)을 선수들에게 설명해주기 위해서, 나는 선수들에게 일어서서 숨을 멈추는 훈련을 해보라고 한다.

우선, 선수들에게 이것은 시합이라고 말한다. 모든 선수들을 유심히 지켜본 후에 누가 더 잘 하는지 판정을 내릴 것이라고 말한다. 다음으로 이런 지시를 내린다. "왼쪽을 보세요…오른쪽을 보세요…왼쪽…오른쪽…왼쪽…오른쪽…오른쪽" 어떤 선수들은 다음 동작을 예측하고는 오른쪽 다음으로 왼쪽으로 눈을 돌린다. 이 동작을 계속해나가면 불안상태가 상승한다. 호흡의 패턴이 변화한다. 그것을 깨닫지 못한 채, 많은 선수들이 숨을 참는다.

산소는 에너지다. 윤활유다. 산소는 근육이 이완되도록 돕고 마음이 명료해지도록 만든다. 숨을 참게 되면, 장애상황을 만들게 되고 긴장감을 느끼게 된다. 막판에 무너지는 선수들은 긴장하게 되는 것에 대해서 긴장감을 느끼게 된다. 불안을 느끼는 것에 대해서 불안감을 느끼게 되는 것이다. 불안감이란 "호흡이 제거된" 흥분이라고 말한 심리학자가 있었다.

호흡의 패턴이 수행의 패턴에 영향을 미친다. 압박감을 받고 있으면, 깊게 숨을 내쉬고 들이쉬는 것이 몸과 마음을 평상시 상태로 되돌리는 것에 도움이 된다.

지난 몇 년 동안 나는 선수들에게 "호흡하고 집중하라 *Breath and Focus*"라는 표현이 적힌 스티커를 나누어주고 있다. 어떤 야구 선수는 자기 유니폼 어깨 위나 모자챙 아래쪽, 혹은 방망이의 손잡이 부근에 이 노란 오렌지색의 둥근 표식을 부친다. 어떤 하키 선수는 자기 스틱에 부친다. 내가 자문역으로 있는 소방대의 소방대원들은 개인호흡기구에다가 그것을 부친다. 이 스티커는 선수들로 하여금 상기시키는 역할을 한다. 긴장과 불안감이 밀려오는 것을 감지할 때마다, 선수들은 긍정적 에너지를 들이마시고, 부정적 노폐물을 내쉰다. 편안함을 들이마시고 스트레스를 내쉰다.

한 해 마리너스 팀 스프링 캠프에서 있었던 일이다. 이 팀은 트레이드를 통해서 새로 영입한 투수 한 명을 테스트해보고 있었다. 이 투수가 5회를 던질 수 있는가를 알아보고자 했다. 5번째 이닝이 되자, 그는 무너지기 시작했다. 안타를 하나 내주고는, 다시 내주더니, 또 하나를 더 내주는 것이었다. 덕아웃에 앉아있던 감독 루 피니엘라는 내쪽을 보더니 머리를 내저었다. 그리고는 이렇게 말했다. "맥, 이 친구는 불편한 상황에서 편안하게 느끼는 방법을 모르는군." 피넬라는 투수코치를 마운드로 가도록 했다. 덕아웃으로 돌아온 그 코치는 루에게 이렇게 말했다. "감독님, 그 친구 눈이 머리 뒤로 가있는데요." 이런 뜻이었다 — 완전히 정신이 나갔다는 것이다. 피니엘라는 그 투수를 빼버렸다.

불편한 상황에서 편안함을 느낄 수 있는 방법을 배운다는 것은 무엇을 말하는 것일까? 아주 차가운 물로 샤워를 한 적이나, 겨울에 얼음이 언 냇가나 수영장에 몸을 담근 적이 있는가? 한기가 숨을 멈추게 만든다. 첫 번째 떠오르는 충동은 나가고 싶다는 것이다. 하지만 숨을 깊게 들이마시고 심호흡을 하면서 정신을 집중시키면 물의 온도에 차츰 적응이 되어간다. 이 체험은 압박감이 가중된 상황에서 운동을 하는 것과 유사하다. 심호흡을 하고 정신을 집중시킴으로써 우리는 체계적으로 긴장감을 이완시킬 수 있다.

스트레스 상황에 있는 선수들은 호흡 패턴이 바뀌어지는 동시에, 과제중심의 외부지향적이 되기보다는 자기의식중심의 내부지향적이 되어버린다. 이들의 정신은 내면으로 집중된다. 불안감과 긴장감을 느끼는 선수들은 외부지향적으로 정신을 집중하라고 조언한다. 나와 절친한 친구사이인 브류어스 팀의 투수 짐 콜번은 밀워키의 카운티 스타디움 경기장의 깃대를 바라보면서 시합에 정신을 집중했다고 한다.

유명한 판사인 올리버 웬델 홈스는 새사냥과 관련된 다음과 같은 글을 썼다. 이 조언은 운동선수에게도 그대로 적용된다. "나뭇가지에 앉아있는 새 한 마리를 명중시키고 싶으면, 모든 정신을 그것 하나에 집중시켜야 한다. 자신에 대해서 생각해서는 안된다. 마찬가지로 자신의 주변에 대해서도 생각해서는 안된다. 온 마음은 그 새에만 가 있어야 한다."

무너지는 것은 다른 것이 아니다. 그것은 지금 정신이 상대편과 해야 할 일에 가 있어야만 할 때, 오히려 자신의 마음에 집중되어 있는 것이다.

우린 누구나 긴장하고 불안해지는 경우를 당하게 된다.

불편한 상황에서 편안해지는 방법을 배워라.

에너지를 집중시키기 위해서 호흡을 활용하도록 하라.

나의 호흡이 지금 이 순간 나의 몸과 마음을 하나가 되도록 만들어라.

25

지금 여기, 바로 이 순간

Be Here, Now

> 난 바로 지금 이 순간만을 위하여 경기를 한다. 이전 포인트는 내게 하나도 중요하지 않다. 다음 포인트도 내게 전혀 중요하지 않다.
> ― 빌리 진 킹

> 승리하려면 반드시 지금 이 순간에 있어야만 한다.
> ― 알렉스 로드리게즈

알렉스 로드리게즈는 1996년 최고의 시즌을 보냈다. 마리너 트팀의 이 젊은 유격수는 아메리칸 리그에서 타율1위, 타점1위, 그랜드 슬램1위, 그리고 2루타 1위를 기록했다. 또한 텍사스팀의 후안 곤잘레스와 MVP 경합을 벌였으나 아깝게 2위를 했다. 35년만에 가장 적은 표차였다.

5개월 후, 스프링 캠프가 열리자 로드리게즈는 자신의 새로운 모습을 보여주겠다고 공언했다. 로드리게즈는 참 호감이 가는 인물이다. 그의 천성은 애리조나 주의 하늘처럼 항상 밝다. 나는 그와 서로 껴안으며 인사를 했다. 그리고는 이번 시즌 목표는 무엇이냐고 물었다. 대부분의 선수들은 점수지향적인 대답을 한다. 야구선수는 자신의 타율이나 타점을 알려고 전광판을 올려다보지 않아도 된다. 선수의 기록은 아주 중요한 전화번호와 같다 - 자기 마음 속에 다 기록되어 있는 것이다. 그래서 나는 이 21살짜리 젊은 선수가 홈런을 더 치거나 타율을 더 높일 것이라는 대답을 하리라고 예상하고 있었다. 알렉스는 전 시즌에 .358을 쳤다. 하지만 그의 대답은 예상을 뒤엎고 나를 놀라게 만들었다. 나는 미소를 지었다.

로드리게즈는 내 야구별명을 부르며 이렇게 말했다. "방망이 맥박사님, 제가 가진 유일한 목표는 매 번 제 앞에 놓여지는 한 경기, 한 경기를 온전하게 해내는 것입니다."

매 번의 한 경기, 한 경기를 온전하게 시합해나가는 것은 스포츠심리학에서 궁극적으로 추구하는 것이다. 많은 감독과 코치들이 한 번에 하나씩 투구하거나 한 번에 하나씩 경기를 펼쳐나가는 것이 얼마나 중요한지를 강변하고 있다. 알렉스가 그처럼 어린 나이에 스타가 될 수 있었던 한 가지 이유는, 심리적 측면의 중요성을 인식하고, 바로 지금 이 순간에 경기를 해내는 것이 무엇을 의미하는가를 이해했기 때문이다. 하지만 이럴 수 있는 능력은 손쉽게 얻을 수 있는 것이 아니다. 골프선수 보비 존스는 이런 말을 했다. "골프는 한 번에 한 타씩 치는 운동이란 말은 누구나 이미 알고 있다. 하지만 나는 그것을 깨닫기 까지는 오랜 세월이 걸렸다."

'절정상태에서 시합을 한다*playing in the zone*'는 뛰어난 선수들의 이야기를 들어보면, 바로 지금 이 순간에 경기를 한다는 것, 몸과 마음이 하나가 된다는 것에 관해 이야기한다. 바로 지금 이 순간에 몰두해서 경기를 할 수 있게 되면, 자기 능력의 최고 수준을 발휘할 수 있게 된다. 왜냐고? '바로 지금 이 순간'에는 압박감이란 것이 존재하지 않기 때문이다.

압박감은 과거의 실패에 대한 기억과 미래에 대한 막연한 불안으로부터 만들어진다. 만약 어떤 야구선수가 지난번에 삼진 아웃당한 것을 생각하거나 "안타를 때려내지 못하면 조만간 후보로 밀려나게 될거야" 등의 말을 하면서 타석에 나온다면, 그 선수는 지금 바로 이 순간에 경기를 하고 있다고 말할 수 있을까? 물론, 대답은 '아니오'다.

오프 시즌동안 도루에 뛰어난 선수 하나와 상담을 한 적이 있었다. 출루해있는 동안 지난 번 아웃당한 생각을 하면 어떻게 되겠는가하고 물었다. 그 선수가 스스로 확실히 깨닫도록 하기 위해서, 나는 그의 등에 올라탔다. 나는 풍보 원숭이처럼 몸무게가 상당히 나갔고, 그 선수는 내가 무엇을 말하고자 하는지 재빨리 파악했다. 원숭이 한 마리를 등에 업은 채 도루를 하는 것이 쉽겠는가? (지금 현재가 아니라) 과거에 대해서 생각하는 것은 발을 더욱 무겁게 만들 뿐이다.

스누피가 나오는 '피너츠' 만화에 보면, 루시가 찰리 브라운에게 사과하는 장면이 있다. "감독님 미안해요, 공을 놓쳐버려서요." 다음 그림에서 루시는 이렇게 말한다. "제대로 잡았다고 생각하고 있었는데, 한 순간에 갑자기 그동안 놓쳤던 기억들이 머릿속에 떠올랐어요." 마지막 그림에서 그녀는 자신의 증상을 진단한다. "과거가 내 두 눈을 가렸어요!" 프로선수들에게 하는 말을 루시에게도 하고 싶다. 앞에서도 배웠듯이, 실수에 대해서 걱정하게 되면 그것과 똑같은 실수를 하나 더 얻을 뿐이다.

최고의 경기를 펼치는 방법을 배우는 한 가지 중요한 요인은 내 마음이 지금 이 순간 현재에 있지 않음을 깨닫는 것이다. 부모들을 향해서 행하는 공익광고방송이 생각난다. "10시입니다. 당신의 자녀가 지금 어디에 있는지 알고 계십니까?" 자신에게 이런 질문을 한 번 던져보라. "시합 시간입니다. 당신의 마음이 지금 어디에 있는지 아십니까?"

나는 '깨닫는다'는 말의 의미를 분석하거나 판단하는 작용없이 목적하는 바에 정신을 모으는 것이라고 해석한다. 간단히 말해서, 매 순간순간에 집중하는 것이다. 지금 하는 과제에 정신을 몰두하는 것이다.

한 번 이것을 해보라. 호흡하는 것에 정신을 쏟아보라. 들이마시고 내쉬는 숨을 한 번 세어보라. 하나…둘…셋…넷…다섯. 다시 한 번 더 해보라. 그리고 한 번 더. 계속해서 해보라. 계속해서. 아주 간단한 것 같지만, 나중이 되면 결국에는 마음이 집중을 하지 못하고 분산되게 된다. 이렇게 마음이 호흡하는 것에 집중해있지 않으면, 어디에 가있는 것일까?

최근에 NHL 선수 한 명과 이야기를 나눌 기회가 있었다. 그는 자신도 모르게 자신이 계속해서 시계를 훔쳐보았던 한 경기에 대해서 이야기했다. 자기가 뛸 수 있는 경기 시간이 계속 사라지면서 그는 자신이 점수를 못 내고 시간은 줄어든다는 생각을 자꾸 했던 것이다. "한 눈을 시계에 놓고 있었다면, 하키공에는 한 눈밖에 둘 수 없었겠군." 하고 나는 말했다. 바로 지금 이 순간에 시합을 하기 위해서는 두 눈이 모두 다 목표물 위에 놓여있어야 한다. 그 목표물이 공이건 골대건 마찬가지다. 시간은 자기가 알아서 가도록 놔두고 말이다.

어떻게 하면 자기의 마음을 바로 지금 이 순간, 여기에 놓아둘 수 있을 것인가? 시키고 컵스 팀에서 일하고 있을 때, 우리 선수들은 '마음의 락커'라는 기법을 활용했다. 선수가 리글리 필드 경기장이나 홈팀의 경기장에 있는 클럽하우스에 도착하면, 그는 자신의 마음의 락커를 연다. 점퍼, 셔츠, 벨트, 양말 등 옷가지를 하나씩 벗으면서 그는 개인적 문제나 고민거리를 하나씩 제거해낸다. 평상복을 유니폼으로 다 갈아입게 되면 그는 정신을 분산시키던 고민거리나 개인적 문제들을 다 떨쳐버리고는, 바로 지금 이 순간에 정신을 집중시킬 수 있게 된다. 그는 최적의 상태에 놓이고 경기장에서 최고의 능력을 펼칠 수 있는 마음 상태가 되는 것이다.

조 파테노는 대학 미식축구계에서 가장 존경받는 감독 중의 한명이다. 펜실베니아 주립대학의 모든 선수들은 캠퍼스와 대학 축구경기장 사이에 그려져 있는 "파란선"을 잘 알고 있다. 조 파테노는 모든 선수들에게 연습과 시합을 위해서 훈련하러 오면서 이 상상의 파란선을 넘게 되면, 모든 걱정거리와 고민거리를 다 잊어버려야 한다고 강조한다. 그 선을 일단 넘어 오게 되면, 어제 수학시험에서 점수를 얼마나 받았는지, 지난밤에 여자친구와의 데이트가 어떠했는지 절대로 생각해서는 안 되었다. 이 경계선을 넘게 되면, 선수의 마음은 펜실베니아 주립대학의 미식축구만을 생각해야 했다. 다른 것은 절대 안 되었다. 만약 그러지 못한다면, 그 선수는 선수로서 자신을 망치는 것이다. 또한 팀을 망치는 것이다.

그는 바로 지금 이 순간 여기에 없는 것이다.

지나간 일로부터 배워라. 다가올 일을 준비하라.
바로 지금 이 순간에 시합하라.

26

신속하라, 천천히
Hurry, Slowly

> 신속할 것. 그러나 서둘지는 말 것.
> — 존 우든
>
> 중요할 때는 절대로 서두르지 말 것.
> — 조앤 카너

그리피 국제 야구캠프가 시작되는 첫날의 열기는 대단하다. 알라바마주에서부터 호주까지, 전 세계에서 온 200명 이상의 아이들이 올랜도주에 있는 디즈니 월드 스포츠 컴플렉스에 모여 있다. 이곳은 애틀란타 브레이브스팀의 스프링 캠프훈련장이다. 아이들은 이곳에서 5일 동안 야구를 배우고 즐거운 시간을 갖는다. 3루 라인에 길게 늘어선 아이들은 캠프 티셔츠를 입고서는 다들 어서 시작되었으면 좋겠다는 표정으로 큰 미소를 짓고 웅성거리고 있다.

그리피 국제야구캠프의 스포츠심리학 프로그램 담당자인 나는, 캠프에 온 것을 환영하면서 한 가지 시합을 제안한다.

"오늘 캠프에 온 여러분들 중 누가 가장 빠른지를 알아보겠습니다. 자, 셋을 세면…(셋까지 기다려야 합니다). 셋을 세는 것과 동시에 가장 가까운 곳에 있는 펜스를 향해 뛰어가십시요."

나는 유격수 자리에 서서 내 뒤편에 있는 중견수 뒤의 담장을 한 번 힐끗 쳐다본다.

가장 작은 아이부터 가장 큰 아이까지, 모든 참가자들이 3루 라인에 몰려서, 오토바이가 출발전에 윙윙거리며 소리를 내듯이 잔뜩 기대감에 부풀어있다. "오케이, 자 준비됐습니까?" 나는 극적인 효과를 노리기 위해서 잠깐 멈춘다.

"하나…둘…셋! 출발!!!!"

폭탄이 터지는 듯한 함성과 에너지를 쏟아내며 아이들은 곧바로 앞쪽을 향해 뛰어간다. 다리를 휘달리고 두 손을 흩날리며, 그 바람으로 머리에서 야구모자가 벗겨진다. 센터필드 펜스에 도착하게 되면, 이 달리기 선수들은 다시 뒤돌아서 제자리로 돌아온다. 다리는 후들거리고 두팔은 흔들거린다. 온몸의 힘이 다 빠져나가버린 후다. 그러다가, 한 10여명 정도의 아이들이 룰루랄라 하는 표정을 지으며 웃고 있는 것을 보고는 상황을 파악한다. 이들은 3루 라인 뒤에 있는 담장에 몸을 기대고는 만족한 듯한 표정을 짓고 있다. 이들은 지치지도, 정신이 없지도 않은 상태다. 내가 (간접적으로) 몸으로 보낸 사인을 무시하고 뒤로 돌아다 본 몇몇 사람은, 지시받은 곳으로, 가장 가까운 곳에 있는 담장으로 달려갔던 것이다.

다른 사람들은 NFL의 유명한 수비선수였던 짐 마샬처럼 느꼈을 것이다. 짐은 떨어진 공을 주어서는 엔드존까지 60여미터를 달려갔다. 그리고는 득점을 해냈다. 하지만 그것은 자기팀 엔드존이었고, 점수는 상대팀이 가져갔다.

스포츠에서 잔뜩 긴장하고 정서적으로 불안한 상태에 있으면 어떤 일이 생겨나게 될까? 대부분의 사람들은 흥분하기 시작한다. 마음이 급해지고 지나치게 앞서 나간다. 더블 플레이를 하려고 하는 2루수는 공을 제대로 잡기도 전에 공을 던지려고 한다. 축구 미드필더는 패스를 받기도 전에 앞으로 치고 나가려고 한다.

이런 경우를 생각해보자. 한 투수가 있다. 볼 넷으로 한 타자를 내보낸다. 그리고는 결정적 순간에 치명적인 홈런을 내준다. 그와 그의 팀은 순식간에 깊은 우물에 빠져버린다. 그 투수는 호흡이 가빠진다. 가슴이 방망이질 친다. 자신에게 너무도 화가 나서 자존심에 멍이 든다. 이 투수는 더 이상 명료한 머리로 생각할 수 없게 된다. 마음이 급해지기 시작한다. 알아차리지도 못하는 상태에서 평상시의 정상 리듬으로부터 크게 벗어나게 만드는 것이다.

운동선수는 '회상상태'에 놓이게 되면 모든 것이 천천히 움직이는 것처럼 느껴진다. 아주 여유로운 상태에서 슬로우모션으로 모든 것이 진행되는 것처럼 느낀다. 하지만 스트레스를 받게 되면, 투수의 주변은 아주 오래된 무성영화처럼 빠르게 돌아간다. 이상한 나라의 앨리스에 나오는 하얀 토끼처럼 "너무 늦었다. 너무 늦었다!"하면서 걱정에 빠지게 된다.

성급하게 되어서는 더 이상 '바로 지금 이 순간'에 있지 않게 된다. 코치들이 말하는 원시적 투구라는 상태로 빠져든다. 목적을 가지고 투구를 하는 것이 아니라, 그는 빨리빨리 던지게 된다. 구령은 "준비, 조준, 발사!"가 아니라, "준비, 발사!, 조준"이 돼버린다.

이런 투수는 데이비스컵 테니스대회에서 내가 본 적이 있는 한 페루선수와 비슷하다. 이 페루선수는 상대인 바하마 대표선수보다 훨씬 더 빠르고 실력도 출중했다. 심판이 매우 분별하기 어려운 판정을 하나 내리기 전까지는 아주 잘 하고 있었다. 그런데 그런 판정이 하나 더 나왔다. 그때부터 그는 눈에 띄게 화를 냈다. 이후부터는 그의 동작은 지나치게 급해보였다. 그는 다음 게임을 너무 빨리 끝내버려서, 나는 그가 자신이 지금 무엇을 하는지 제대로 알고 있는가도 의심스러웠다. 평정을 되찾지 못하고 템포를 느리게 만들지 못한 그는 결국 다음 두 세트를 내리 내주면서 시합에 졌다.

'압박감 원칙'에서 잭 니클라우스가 말한 것을 한 번 기억해보라. 선수가 잔뜩 긴장을 하게 되면 그는 시합이 어서 끝나기를 바란다. 마음이 급해지면 급해 질수록, 그는 더 엉망으로 시합하게 된다. 엉망으로 시합하면 할수록, 그의 마음은 더 급해진다. 자기패배의 싸이클을 만들어내게 되는 것이다.

리 트랜비노는 마스터스 대회에서 경기하는 것에 그다지 만족하지 못했다. 코스가 자기가 좋아하는 방식으로 경기를 할 수 없도록 만들어져 있다는 게 이유였다. 그는 이런 농담을 하며 그린의 속도에 대해서 불평을 늘어놓았다. 매번 라운드가 시작되기 전에 감독관들이 자동차 오일을 발라놓는다는 것이다. 트레비노는 경기를 빨리 진행하는 스타일이었다. 아마도 오거스타 내셔날 골프장의 18번 홀에서 플레이하면서 그 기록을 깼을 것이다. 그 날 계속해서 잘 치지 못하자 신경이 날카로워지고 집중을 하지 못함으로써, 트레비노는 18번 홀 쪽으로 두 번째 샷을 치려했으나 스탠스를 제대로 잡지를 못했다. 트레비노는 클럽하우스를 향해 걸어가면서 남북전쟁 당시 애틀란타 시에 불을 지른 남부 장군을 비유하면서, "셔먼 장군이 그 때 일을 제대로 끝냈어야 했어!"라고 중얼거렸다.

애리조나 카디널스팀이 시합을 하기 위해서 샌프란시스코에 도착했다. 챈들스틱 파크 경기장으로 향하는 팀버스에 앉아있는데, 운전사의 머리 위에 붙여진 표어가 눈에 들어왔다. "구멍의 법칙. 구멍에 빠지게 되면, 첫 번째 법칙은 구멍파기를 멈추는 것이다."

운동선수는 누구나 좌절할 때가 있기 마련이다. 선수는 어떤 시점에서 스스로 구멍을 파게 된다. 내가 줄 수 있는 최고의 조언은 구멍의 법칙을 기억하라는 것이다. 구멍에 빠지게 되면, "멈춤"이라고 써 있는 빨간색 교통신호를 떠올려라.

때로는 무행동이 최고의 행동이다. 오랜 격언에 이런 말도 있지 않은가? "뭐라도 하려고 하지마라. 그냥 거기에 서있어라." 젊은 선수들이 배워야 하는 것은 때로는 늦게 가는 것이 빨리 가도록 만들 수 있다는 사실이다. 스포츠의 파라독스 가운데 한 가지다.

시애틀팀의 투수 제이미 모이어는 구멍에 빠질 때마다, 긴장감이 가중되고 마음이 급해지려고 할 때마다, 구멍 파던 삽을 내려놓을 때라는 점을 잘 알고 있다. 모이어는 마운드에서 벗어나 내야의 잔디위에 선다. 두 손 안에 공을 이리저리 굴리면서 공을 닦는다. 목을 돌리면서 근육의 긴장을 푼다. 한편으론 숨을 돌리면서, 한편으론 숨을 고른다.

뛰어난 선수들은 모이어가 하는 것을 행한다. 타임아웃을 신청하고 정신을 차린다. 앞에서 우린 마음 속 체육관을 만들라고 한 적이 있었다. 자기만의 마음 속 훈련장에 들어가, 구멍에 빠져서는 겁이 나고 급하게 된 상황을 다시 한 번 만들어보라. 그것에 대해 어떤 반응을 보였는지 상기해보라. 그리고는 일어난 일을 다시 구성해보라. 타임아웃을 하는 것을 눈에 그려보라. 자신이 정신을 재집중하고 '바로 지금 현재 상황'에 초점을 맞추는 것을 상상해보라. 평정심과 템포를 되찾는 제일보는 바로 코앞에 있음을 기억하라. 그것은 깊은 숨을 한 번 내쉬어보는 것이다.

급할수록 늦어진다.
마음이 급해지면 더 이상 바로 지금 이 순간에 있을 수 없다.
달리지 말고 걸어라.

27

노력하라, 편안히
Try Easier

힘을 빼고 긴장을 덜수록, 더 빨리 더 강하게 될 수 있다.
— 부르스 리

더 빨리 달리는 법은 5분의 4의 힘으로 달리는 것이다.
— 버드 윈터스

최근의 타이거 우즈가 보여주는 것처럼, 예전에는 샘 스니드가 골프계의 왕좌에 군림하고 있었다. 다른 선수들 보다 월등히 뛰어난 실력을 갖췄기 때문이었다. 스니드는 공을 힘으로 치는 것 같지 않았다. 은퇴한 지 오랜 시간이 지난 뒤에도 몸이 너무도 유연해서는 허리를 굽혀 손바닥을 땅에 붙일 수 있을 정도였다. 그의 동작은 그림 그 자체였다. 그는 월츠 음악에 맞춰서 골프를 쳤다. 그의 템포는 티에서 친구들과 이야기할 때의 목소리처럼 아주 부드럽고 유연했다.

이런 이야기를 한 적이 있다. "난, 공에게 다정한 이야기를 합니다. '하나도 아프지 않을 거야'라고 조용한 목소리로 이야기합니다. '샘이 잠깐 동안 비행기를 태워주기만 할 거다'라고 말이죠."

켄 그리피 주니어가 타석에 들어설 때 그는 방망이 손잡이 쪽을 세게 쥐어 잡아서 가루로 만들지 않는다. "전 그렇게 힘이 세지 않지요. 한 100kg 정도 벤치프레스할 힘밖에는 없습니다." 그가 가지고 있는 파워는 순전히 근력으로부터만 나오는 것이 아니다. "전 스스로를 홈런타자라고 생각하지 않습니다. 그러나 공을 정확히 보고 세게 치게 되면, 야구장 밖으로 나갈 겁니다."

스포츠에서는 힘이 중요시 된다. 코치들은 선수들이 110%의 기량을 발휘하기를 바란다. 그 수치가 수학적으로 불가능하다는 사실을 무시한 채 말이다. 중요한 점은, 근육과 근력이 전부가 아니라는 점이다. 과도한 노력은 수준이하의 기량을 낳는다. 과유불급過猶不及인 것이다. 압박감을 받는 상황에서 긴장하게 되면 선수들은 더욱더 애를 쓰게 된다. 그 결과는 오히려 마이너스가 된다.

미국 내 최고의 육상코치인 버드 윈터스는 선수들에게 이렇게 말한다. "부담없이 편안하게 생각해라." 1990년대 초반 수퍼볼 대회에 뽑힌 달라스 카우보이팀의 공격수인 제이 노바체크는 대학에서는 육상선수로 뛴 적이 있었다. 하루는 나와 함께 운동을 하고 있었는데, 그가 자기 코치가 하고 있던 실험 한 가지에 대해서 말해주었다. 코치는 노바체크와 동료들로 하여금 800m를 최고 속도로 뛰게 지시했다. 그리고는 다음으로 최고속도의 90%만으로 다시 한 번 더 뛰게 만들었다. 노바체크는 상기된 목소리로 이렇게 말했다. "나와 모든 친구들은 깜짝 놀랐습니다. 90%의 속도로 뛰었을 때의 기록이 훨씬 좋았던 겁니다."

왜 그랬을까? 수의근隨意筋은 서로 반대로 작용하는 한 쌍의 근육으로 이루어져있다. 달리기와 다른 많은 운동종목은 한쪽 근육이 수축하면 다른 한쪽은 이완할 때 가장 효과적으로 행해질 수 있도록 되어있다. 최고속도로 달리면 선수들은 모든 근육(길근과 항근)들을 사용하게 된다. 이 근육들은 가속시키면서 동시에 저속시킨다. 근육들이 서로 반대방향으로 작용하게 된다. 이런 이유로 최고 속력으로 달릴 수 없도록 만든다. 그러나 90%의 노력으로 달리게 되면 달리기 선수는 많은 근육에너지를 발산하지만, 동시에 최고수행을 방해하는 저항근들을 이완시킨다.

투구를 할 때도 마찬가지다. 공을 최대한으로 빨리 던지려고 하면, 팔에 있는 모든 근육을 사용하게 된다. 하지만, 정확성과 속도를 동시에 얻기 위해서는, 이완근(삼두박근)이 대부분의 작업을 수행하는 동안, 수축근(이두박근)은 이완되어야만 한다.

놀란 라이언이 메이저리그에서 선수로 뛴 기간은 미국 대통령의 임기가 여섯 번 지난 것보다도 더 길다. 이 삼진왕은 강속구를 던지지만, 도를 넘을 정도의 센 공을 던지지는 않는다. 이것이 바로 그가 장수를 할 수 있는 한 가지 이유다.

"강속구 투수는 근육을 키워서는 자기가 원하는 빠른 공을 던지려는 경향이 있다. 준비동작을 지나치게 크게 해서는 근육만으로 공을 던져 보내려는 과정에서 리듬을 잃게 된다. 사람은 누구나 한계를 지니고 있다. 각자는 자신의 한계가 무엇인지를 알아야만 한다. 그리고 그것에 따라서 자신을 준비시켜야 한다."

나와 테니스를 자주치는 브래드 하퍼는 내게 서브할 때 긴장을 풀라고 끊임없이 이야기한다. "맥, 팔을 스파게티처럼 하라구!" 압박감을 받게 되면, 우린 "근육을 긴장시키는" 경향이 있다. 내가 팔을 느슨하게 만들면, 나는 손목의 스냅을 더 잘 줄 수 있게 되고, 파워도 더 강하게 낼 수 있게 된다. 토론토 블루제이팀의 투수코치인 마크 코너는 이 같은 생리학적 원리를 눈으로 확인하도록 해준다. 그는 투수들에게 긴 손잡이가 달린 막대기를 휘두르게 한다. 처음에는 팔의 큰 근육을 사용하고, 나중에는 손목의 스냅을 사용해서 해보게 한다.

투수들은 계란을 쥐는 것처럼 공을 잡으라고 훈련받는다. 하지만 경기가 한창 진행 중일 때는 어떤 투수는 닭목을 조이듯이 공을 쥐어 잡는다. 골프에서 가장 빈번하게 행해지는 신체적 잘못은 지나치게 근육을 긴장하는 것이다. 아마 거의 모든 스포츠에서도 마찬가지일 것이다. 파워를 더 내기 위해서 근육을 지나치게 긴장하는 것은 파워와 정확성을 모두 잃게 만든다. 이완되고 편안해지는 대신에, 골프 선수는 더 긴장하게 되고 따라서 균형감과 템포를 잃게 되는 것이다.

'자신의 숫자를 알라'에서 우리는 긴장을 기타 줄에 비유한 적이 있다. 줄이 너무 느슨하면 소리가 밋밋해지고, 줄이 너무 팽팽하면 끊어진다. 선수는 언제나 배트, 라켓, 클럽의 그립을 세밀하게 느낄 수 있어야만 한다. 그러지 못하면 그립이 너무 센 것이다. "전 기다리고 기다리고 또 기다립니다. 그러다가 공이 제 바로 앞에 왔을 때 느슨한 그립으로 공을 쳐냅니다." 메이저리그 최고타자 중의 한명인 토니 그원은 이렇게 말한다. 자신이 하는 스윙의 느낌을 제대로 느낄 수 없으면, 너무 빠르게 하고 있거나 너무 세게 하고 있는 것이다.

한 번은 윌리 맥기가 타격코치에게 긴장이완이 잘 안된다고 불평을 털어놓은 적이 있었다.

코치 베르나르도 레오나드는 그에게 이렇게 말했다. "윌리, 긴장된 정신은 이완된 육체에 있을 수가 없어… 마음이 긴장하면, 육체도 긴장한다. 하나가 편안해지면, 다른 것도 편안해진다."

이완은 스트레스와 긴장을 만들어내는 것과 같은 방식으로 만들 수 있다. 이완훈련의 목적은 초기긴장신호를 빨리 파악하고 그것을 이완감으로 없애거나 대처할 수 있는 방법을 가르치는 것이다. 흥미로운 사실은, 긴장된 근육을 이완하는 한 가지 방법 중 하나가 일차적으로 그것을 더욱 긴장시키는 방법이라는 것이다. 어깨가 자동차의 용수철처럼 아주 딱딱하게 느껴지면, 위로 높게 올려서는 근육들을 아주 세게 조여 보도록 해보라. 5초에서

10초 정도 그 자세를 유지해보라. 압박감을 느껴보고 그 느낌을 인지하라. 그런 후에 근육을 완전히 풀고 이완시켜보라.

만약 내가 내 몸을 편안하게 만들 수 있으면, 내 마음도 편안하게 만들 수 있다. 평안한 육체에 평안한 정신이 깃드는 것이다.

긴장을 멈춰야 이완이 만들어진다.
과도한 노력은 부정적 결과를 낳는다.

28

관찰하라, 단순히
Simply Observe

그냥 보는 것만으로도 많은 것을 관찰할 수 있다.
— 요기 베라

타격은 나와 투수의 대결이 아니다. 나와 공과의 대결이다.
— 매트 윌리엄스

아주 오래 전 뉴욕에서 사진작가 일을 하고 있을 때였다. 『이너 게임』*Inner Game*이란 책을 우연히 읽게 되었다. 그 책의 한 부분에서 저자인 팀 겔러웨이는 아주 간단한 지도요령을 한 가지 알려준다. 그 요령은 스포츠심리학에서 가장 중요한 기본원칙 가운데 한 가지가 잘 담겨져 있었다.

겔러웨이는 이전에 한 번도 테니스를 쳐본 적이 없는 한 여자를 가르쳤던 이야기를 한다. 대부분의 사람들이 다 그렇듯이, 그녀는 너무 긴장해서 모든 자세에 지나치게 의식적인 태도를 보였다. 스윙을 할 때 기억해야할 명령들(팔을 뒤로 빼고! 무릎 구부리고! 앞으로 나가면서 스윙!)을 그녀의 머릿속에 주입시키는 대신에, 겔러웨이는 아주 간단한 지시사항을 주었다. 겔러웨이는 그 회원에게 공이 앞에 떨어지는 그 순간에 "뽕", 라켓에 공이 맞을 때 "탕"을 입으로 말하라고 했다.

"뽕-탕", "뽕-탕", "뽕-탕." 이 지시를 따르자, 그녀는 긴장을 풀기 시작했다. 자세와 기술에 정신을 빼앗기지 않게 된 것이다. 그리고 결과가 어떻게 나올 것인지도 신경 쓰지 않게 되었다. 목표물에 시선이 고정되게 되었다. 마음이 과제에 집중된 것이다.

스포츠를 할 때 우린 지나치게 분석적이 되는 경향을 보인다. 골프강사 10명에게 가보라. 백스윙을 어떻게 하고, 허리는 어떻게 돌리고, 체중은 어떻게 이동하며, 왼쪽팔은 어떻게 쭉 펴고, 다운스윙은 어떻게 하는지에 관해서 10가지 다른 방법을 듣게 될 것이다. 어떤 유식한 강사들은 골프를 지나치게 복잡하게 만든다. 만약 골프강사들이 성교육을 가르쳤다가는 인류문명의 종말이 올 것이라는 우스갯소리도 있다.

우리 두뇌의 한 부분은 언제나 생각하고, 분석하고, 계산하고, 판단한다. 시카고 컵스팀에서 자문역을 할 때, 타격코치로 리치 지스크가 일하고 있었다. 그의 공식 명칭은 '타격학 박사'였다. 지스크는 타자의 머릿속에서 너무 생각하도록 하는 목소리, 너무 분석하도록 하는 목소리를 '잔소리쟁이 원숭이'라고 불렀다. 야구 타석 위에서나, 골프 티 위에서나, 테니스 코트 위에서나, 어디에 있던지 간에, 우리는 이런 정신적 코멘트를 듣고 있게 된다. "최고의 기량을 펼칠 수 있니?" 물론, 아니다.

그러나 선수는 이것이 목표가 되어야 한다 — 머리가 아니라 눈으로 경기하라 *Play with your eyes, not ideas*.

켄 그리피 주니어는 이렇게 말한다. "공을 보고, 공을 칩니다." 타석에 서면 그는 스윙면이나 팔꿈치의 각도에 대해서는 전혀 생각하지 않는다.

매트 윌리엄스도 타석에 서면 앞에 선 투수의 경력이나 능력에 대해서는 전혀 관심을 두지 않는다. 그의 두 눈은 오직 한 가지 것에 모든 초점이 맞추어져 있다. 그것은 야구다.

전에 투수 생활을 한 오렐 허샤이저의 말을 한 번 들어보라. "일단 포수와 내가 어떤 공을 던질지 결정하면, 그것이 전부다. 그렇게 되면 아무 것도 그것을 막을 수 없다. 나는 다음 게임, 다음 이닝, 다음 타자, 다음 플레이 그 어느 것도 생각하지 않는다. 바로 지금 던질 공만을 생각한다. 그것이 바로 그 순간 내가 해내야 하는 유일한 임무이기 때문이다."

톰 시버는 투수 마운드에 섰을 때 모든 것을 차단 시켜버린다고 말한다. "2루수가 방금 더블 플레이를 망쳐놓은 것도 잊는다. 심판이 잘못된 판정을 지나치게 많이 한다는 것도 잊는다. 마누

라가 방금 백화점에서 100만원짜리 옷을 산 것도 잊는다."

"뽕-탕" 목표물에만 집중하라. 마음을 과제에 집중시켜라.「야구인생」이란 영화에서 케빈 코스트너는 은퇴를 앞둔 나이 먹은 메이저리그 투수를 연기했다. 마지막 경기에서 피로와 통증으로 고통받고 있으면서도, 그는 투구에 정신을 집중할 수 있도록 한 가지 정신기법을 사용한다. "메카니즘은 잊어버려."라고 독백한다. 그러면 갑자기 그는 순식간에 다른 정신상태가 된다. 순간 그는 양키 스타디움에 있지 않게 된다. 관중들의 소리도 들리지 않고, 주변의 선수들도 보이지 않는다. 심지어는 방망이를 흔들고 있는 타자도 보이지 않는다. 그는 지금 이 상황을 분석하고 있는 것이 아니다. 그는 지금 정신적 누에고치가 되어 있는 것이다. 잭 니클라우스는 정신집중에 대해서 '긴장의 효과적 해독제'라고 말한 적이 있다. 마운드 위에서 투수는 고요한 평정의 세계에 있게 된다. 그의 두 눈에는 오직 한 가지만 보인다. 포수의 장갑만이 보이는 것이다.

『나의 골프』라는 책 속에서 잭 니클라우스는 샷을 치기 전에 마음을 하나로 모으는 이미지 기술을 설명한다. "컬러 영화 같습니다. 첫째, 내가 보내고 싶은 곳으로 가있는 공을 실제로 '봅니다.' 아주 밝게 빛나고 있는 그린 위죠. 그리고는 장면이 바뀝니다. 공이 실제로 그곳에 가는 것을 '봅니다.' 방향, 궤도, 모양, 그리고 땅에 떨어지는 모습까지도요. 이런 장면이 흐려지면서 다음으로, 이렇게 마음으로 그린 스윙을 그대로 실제로 하는 모습을 보게 되는 것이죠."

눈은 마음의 거울이라는 말이 있다. 위대한 운동선수들의 경우, 이들의 눈은 서치라이트가 아니다. 스포트라이트도 아니다. 그 이상으로, 이들의 두 눈은 레이져빔이다.

시에틀에서 벌어진 한 경기에서 애리조나 카디널스팀의 쿼터백인 제이크 플러머는 거의 폭행을 당했다. 시호크팀의 수비팀 선수들이 그를 일곱 번이나 덮친 것이다. 게임 후반 이 젊은 쿼터백이 벤치로 쉬러 들어오자, 선배인 로마스 브라운이 걱정스런 눈으로 그를 보았다. 그리고는 이렇게 말했다.

"제이크, 네 눈 좀 보자."

왜 눈을 보자고 했을까?

"눈이 모든 것을 말해주기 때문이죠?" 브라운은 경험에 근거해 이렇게 대답했다. 브라운은 플러머의 눈을 들여다봄으로써 자기팀 쿼터백이 지금 자신감을 잃었는지 포기하고 싶어 하는지 알아보고자 했던 것이다. 제이크가 아직 정신을 굳게 차리고, 지금 경기를 제대로 할 수 있는지를 알 수 있었던 것이다. 선수의 눈동자가 흐려지면 그의 마음도 그렇게 된다. 초점을 잃은 눈은 지금 닥친 과제를 해내는 것에 맞추어져 있지 않다.

그냥 쳐다보는 것만으로도 많은 것을 관찰할 수 있다던 요기의 말은 옳았다. 선수들을 상담할 때, 나는 최고의 기량을 발휘하는 순간들을 비디오로 시청하게 한다. 백번 듣는 것보다 한 번

보는 것이 훨씬 더 많은 것을 가르쳐준다. 이들은 영상에 정신을 빼앗기면서 긍정적인 기분을 강렬하게 흡수한다. 선수들은 이때 분석적인 마음을 잊어버리고는 감각을 되찾게 된다.

당신은 눈으로 시합을 하는가? 목표물에 얼마나 잘 정신을 집중시킬 수 있는가? 보디빌더였던 아놀드 슈왈츠제네거는 훈련을 할 때 특정 부위의 근육이 꿈틀대는 모습을 눈에 그린다고 한다. "내가 원하는 근육을 눈으로 그려볼 수 있을 때 하는 한 번의 연습이 정신이 집중되지 않았을 때 하는 열 번의 훈련보다 훨씬 더 효과를 발휘한다." 테니스공, 골프공, 농구공 등 어떤 물체를 집어 드는 훈련이 도움이 될 수 있다. 그것을 잡고, 지긋이 보고, 그것을 탐색하고, 생각에 잠겨보라. 생각이 흩어지면서 정신이 분산되려고 하면, 다시 그것에 온 정신을 집중시켜라. 이 훈련을 통해서 집중하는 능력이 향상되고 마음이 어디로 흩어지는가를 빨리 알아낼 수 있는 지각력이 증진될 수 있다.

마음이 흩어지기 시작하면 실력도 흩어지기 시작한다.
두 눈을 목표물에 고정시키고, 마음을 지금 해야 하는 과제에 고정시켜라.
과정에 정신을 집중시키고 결과는 잊어버려라.

29

최종결론
The Bottom Line

이기려는 의지는 중요하다.
하지만 이기기 위해 준비하려는 의지는 더 중요하다.
― 조 파테노

준비에 실패하는 것은 실패를 준비하는 것이다.
― 존 우든

실비 베르니어는 긴장이 몰아닥치는 상황에서는 피해버리려는 경향을 지니고 있었다. 하지만 지금, 그녀는 시상대 1등 자리에 서있다. 이 캐나다 스프링보드 다이빙 선수는 국기가 있는 쪽으로 눈을 돌리고 국가를 따라 불렀다. 그 순간 그녀는 시상대에서 위로 날아올라가 풍선처럼 둥실둥실 떠다니는 것 같은 기분이었다.

이런 경험은 실비가 이전부터 상상해왔던 바로 그 느낌이었다. 시합장에 도착하는 그 순간부터, 그녀는 상상해왔던 바로 그대로 따라하고 수십번에 걸쳐 마음 속으로 연습을 했다.

"8월 6일 오후 4시에 결승경기가 치러질 것이라는 걸 알고 있었어요." 베르니어는 '마음과 육체'라는 프로그램에서 이렇게 회상했다. "점수판이 어느 쪽에 놓일 것이라는 것도 알고 있었어요. 제 왼편에요. 코치들이 어디에 앉을 것이라는 것도 알고 있었죠. 관중들이 어디에 있을 것이라는 것도 알고 있었죠. 나는 내가 원하는 바로 그런 모습의 다이빙을 할 것도 다 알 수 있었어요. 내가 다이빙대로 들어섰을 때는 이미 그때의 장면을 다 알고 있었어요."

베르니어는 모든 선수들이 필요로 하는 것으로 중무장을 한 후, 자신이 가장 원했던 시합장에 왔기 때문에 21살의 나이에 챔피언이 될 수 있었다.

자신감.

운동경기의 심리적 측면에서 가장 중요한 것이 무엇일까? 지난 20년간 시합하러가는 비행기나 돌아오는 버스안에서 수백명의 감독, 코치, 프로선수들에게 물었던 질문이다. 답은 언제나 같다. 그것은 자신감이다. 자신감에 차면 긴장이 풀어지며 자신의 실력을 믿게 되고 최고의 기량을 발휘하게 된다. 결론은 자신감이다.

자신감은 어디에서 오는가? 뛰어난 선수들은 자신감이 육체적, 정신적으로 준비된 상태임을 아는 것이라고 말한다. 경험이 선수들에게 무엇을 해야 할지를 알려준다면, 자신감은 선수들이 그것을 실행할 수 있도록 해준다. 자신감은 자기가 육체적, 정신적, 그 어떤 측면으로도 준비되었음을 '가슴으로' 아는 것을 말한다.

앨런 브루나시니는 소방대장의 빈스 롬바르디다. 이 휘닉스시 소방대장은 자신감에 대해서 아주 흥미로운 말을 한 적이 있다. 그는 내게, 자신감은 "무엇을 해야 할지 모를 때 무엇을 해야 할지 아는 것"이라고 말했다. 루이스 파스퇴르는 사막에서 강풍과 싸운적도 수퍼볼 대회에서 감독을 한 적도 없다. 하지만 이 19세기 과학자의 말은 소방대원, 미식축구선수, 올림픽 다이빙 선수, 그리고 다른 모든 스포츠선수들에게 그대로 적용된다. 파스퇴르는 이런 말을 했다. "기회는 준비된 마음을 선호한다." 골프선수 톰 카이트도 이런 말을 한다. "행운이 내게 찾아올 기회를 주라."

나는 이 책에서 심리적 준비상태가 육체적 준비상태만큼이나 중요하다는 점을 지속적으로 강조했다. 전 올프로 NFL 리시버였던 텔레비전 아나운서 아마드 라사드는 이런 말을 한다. "뛰어난 재능을 가진 어떤 선수들은 그냥 경기에 나가서 시합을 합니다. 그리고는 4, 5년이 지나면 아무도 그들이 무엇을 하는지 모르게 됩니다. 똑똑한 친구들은 이 점을 간파하고는 10년, 12년씩 선수생활을 합니다. 이런 선수들은 몸이 아니라 마음으로 선수생활을 하는 것이죠."

자신감은 준비의 결과다. 준비는 심리적 경기계획을 수립하는 것으로부터 시작된다. 뛰어난 선수들은 최상의 경우만이 아니라 최악의 경우도 눈에 그려본다. 이들은 실패를 그려보지 않는다. 하지만, 이들은 별로 달갑지 않은 상황이나 굉장히 힘겨운 상황이 발생했을 때 어떻게 대처할 것인지를 구체적으로 계획한다. 스포츠에서는 예측하지 않은 일들이 진행되는 경우가 많다. 바라지 않는 방향으로 경기가 펼쳐지는 일도 다반사다. 준비된 선수는 계획1은 물론이고 계획2와 계획3도 마련해 두고 있다.

레지 잭슨은 승리를 준비의 과학이라고 불렀다. "준비는 아홉 자로 정의될 수 있다 — 아무 것도 남기지 말 것. 즉, 그 어떤 세심함도 지나치지 않은 것이다." 우주비행사들이 처음으로 달 탐험을 위해 훈련을 받을 때, 모든 것이 순조롭게 잘 진행될 때에 대한 훈련만이 아니라 모든 것이 잘못되었을 때를 대비한 훈련도 함께 받았다. 정상적이지 않은 방식으로 일이 벌어졌을 때, 이들은 어떻게 대처해야 하는가를 배웠다. 이들은 만일의 잘못된 상황에 대한 준비를 충분히 함으로써 임무를 제대로 할 수 있었다.

NFL 쿼터백이었던 프란 타켄톤은 선수시절 이렇게 시합준비를 했다. 그는 어려운 상황들에 맞서 그것을 헤쳐나가는 자신의 모습을 두눈으로 직접 그리면서 시합을 기다렸다. "나는 모든 상황을 시각화하려고 합니다. 나를 막기 위해 펼치는 모든 수비상황을 고려하려고 합니다. 전 제게 이렇게 말을 합니다. '세 번째 마지막 시도다. 저들 팀의 5야드 라인에서 어떻게 할 것인가? 짧은 패스는 오늘 잘 먹히지 않았다. 저 팀의 수비는 철벽이고 우리는 6점이 뒤진 상태다.'"

뛰어난 선수는 자신의 신체를 프로그램시키기 위해서 마음을 이용한다. 명예의 전당에 헌액된 투수인 놀란 라이언의 이야기를 한 번 들어보자.

"시합이 있기 전날 밤, 나는 방에 눕습니다. 눈을 감고 몸을 편하게 만듭니다. 그리고는 시합을 준비합니다. 상대팀의 전타선을 한 번 쭉 훑습니다. 한 번에 한 타자씩, 모든 타자를 한 명씩 어떻게 공을 던질 것인지를 정확하게 눈으로 그립니다. 내가 던지고 싶은 바로 그런 공들을 던지는 나를 눈으로 보고 피부로 느낍니다. 경기장에 가서 몸을 풀기도 전에, 나는 상대팀의 모든 타자들을 네 번씩 대적한 상태가 됩니다. 나는 내가 원하는 바로 그런 상태로 내 몸을 만들어놓게 됩니다."

긴장이 풀리게 되면, 긍정적인 확신과 시각화가 가능하도록 편안한 상태가 된다. 필라델피아 필리스팀의 삼진왕이었던 스티브 칼튼도 자신만의 시합 전 의례가 있다. 라이언과 마찬가지로, 칼튼은 훈련테이블에 누워서 눈을 감는다. 그의 포수였던 팀 맥카버는 이렇게 말한다. "사람들은 대게 그가 잠을 잔다고 생각하죠. 하지만, 그는 머릿속에 스트라이크 존을 떠올리고 있습니다. 가장 바깥쪽과 가장 안쪽의 공간을 생각하죠. 중간은 고려하지도 않습니다. 그 방향은 생각하지도 않음으로써 그는 그런 방식으로 공을 던지게 됩니다."

ESPN 방송국의 아나운서인 해롤드 레이놀즈도 마리너스팀의 2루수였을 당시 머릿속에서 상황을 미리 그려보았다. "경기장에서 몸을 푸는 동안 나는 방송되는 선수명단을 듣습니다. 그리고는 이 친구를 어떻게 요리할 것인지 눈에 그리죠. 시합이 있기 전날 밤에는, 상대팀이 공을 어떻게 던지고 내 플레이를 처리했는지 머리와 종이위에 기록을 합니다. 나는 2루에 온 선수가 어떤 식으로 움직일지 미리 적어봅니다. 내 옆에 있을지 아니면 내 신경을 자극할지 말이죠. 꼼꼼히 모든 상황에 준비가 되어있어야만 합니다."

올림픽 체조 금메달리스트인 바트 코너도 자신이 펼칠 경기를 미리 머릿속에서 연습을 한다. 『챔피언의 조건』이라는 책에서, 자기 연기를 처음부터 끝까지 머릿속에서 실행해본다고 말한다. 리듬과 타이밍을 함께 느끼면서 말이다. "그리고 나서 나는 뒤에서 내가 하는 연기를 지켜보는 사람처럼 나의 모습을 세밀하게 눈으로 그려본다. 그러면 약간 다른 방향에서 모습이 그려진다. 나는 내 모습을 이렇게 볼 때 가장 좋은 결과를 얻어냈다. 일단 시각화에 성공하면, 전체 장면이 눈에 보이고, 체조장이 그려지며, 심판이 보이고, 경기장이 보이며, 장비들이 어디있는지가 보이며, 송진가루통이 어디있는지 모든 것이 다 눈에 들어온다. 그래서 실제로 시합을 하러 경기장에 들어가게 되면, '그래,

이미 한 번 와본 곳이야'라는 느낌이 든다. 그러면 엄청난 자신감이 차오르게 된다. 이미 모든 것을 다 치러본 것 같은 느낌이 들기 때문이다."

스윙연습을 하지 않고 야구경기에 나가는 선수는 없을 것이다. 마찬가지로, 정신훈련을 하지 않고 시합에 나갈 생각을 하지 마라. 자신의 연기모습, 자신의 수행장면을 시각화하라. 실제 행동을 눈으로 보라. 움직임을 피부로 느껴라. 소리를 귀로 들어라. 냄새를 코로 맡아라. 이미지를 최대한 명료하고 뚜렷하게 만들어라.

> 자신감은 육체적, 정신적으로 준비되었다는 것을
> 정서적으로 아는 것이다.
> 준비를 충분히 해서 경기를 제대로 할 수 있도록 하라.

제 4 부

내면에 몰입하라

30

자신을 믿을 것
Trust your stuff

> 결단을 잘못 내리는 것보다
> 머뭇거리며 결단을 내리지 못하는 것이 더 큰 해악을 가져온다.
> — 버나드 랑거

> 마음 안에 의심이 들어있다면, 무엇을 어떻게 해야 할지 우리 몸이 어떻게
> 알 수 있겠나.
> — 하비 패닉

2000년 마스터스 토너먼트의 마지막 라운드날, 비제이 싱에게 아주 특별한 일이 있었다. 아버지의 가슴에 감동을 솟게 만드는 그런 종류의, 얼굴에 미소를 띠게 만드는 그런 종류의 특별한 일 말이다. 싱에겐 퀴스라는 아홉 살배기 아들이 있는데, 아빠의 골프백에 메모를 한 장 붙여 놓았던 것이다. 내용은 이랬다.

"아빠, 자신의 스윙에 믿음을 가지세요."

자기 아버지에 대한 강한 믿음을 가지고 있던 아들을 실망시키지 않기 위해서, 그날까지 1위를 달리던 싱은 아들의 말대로 따랐다. 첫 번째 홀에서 마지막 홀까지, 흔들림 없이 아주 자신감 있게 시합을 하면서, 3타 차로 마스터스 대회에서 우승을 차지했다. 비제이란 이름은 그의 출신인 피지어로 '승리'를 의미한다. 싱은 우승자를 위한 기자회견에 아들을 데리고 나왔다. 그린 자켓을 입은 그의 얼굴에는 승리의 미소가 한 가득이었다.

싱은 마지막 라운드를 되돌아보면서 이렇게 말했다. "시합 내내 내가 하려고 했던 것은 바로…" 그러면서, 자기 아들을 바라보았다. "내 스윙에 믿음을 가지는 것이었습니다."

뛰어난 선수들은 자신이 가진 재능을 신뢰한다. 이들은 스윙 하나, 스트로크 하나, 그리고 피칭샷 하나에도 혼신을 쏟아 붓는다. 친구들이 내게 골프에 관한 조언을 물어올 때, 내가 주는 최고의 조언은 '머뭇거리는 것보다는 결행하는 것이 낫다'라는 말이다.

이제 고인이 되셨지만, 골프 세계에서 가장 추앙받는 지도자의 한 사람인 하비 패닉은, 마음속에서 머뭇거리고, 의문이 생겨나고, 결단을 내리지 못하면, 우리 몸은 무엇을 어떻게 해야 할지를 모른다고 말했다. 우린 누구나 최고의 뛰어난 능력을 지닌 선수들이 잘못된 상황에 맞부딪치는 경우를 종종 본 적이 있을 것이다. 압박이 최고조에 이르면, 이들도 주저하게 되고 머뭇거리게 된다. 이들도 자신을 믿지 못하게 되는 것이다.

1990년 마스터스 대회의 서든 데스 경기에서 이런 경우가 실제로 벌어졌었다. 스콧 호크의 볼과 우승 사이에는 겨우 2피트의 거리만 남겨져 있었다. 스콧 호크는 우승 퍼팅을 하기 위해서 공 뒤에서 홀을 한 번 재어보았다. 그리고는 홀 뒤로 걸어가서 두 번째로 바라보았다. 다시 공이 있는 곳으로 와서는 공 뒤에 무릎을 구부리고 한참 동안이나 라인을 분석하였다. 그리고는 한 번 더 살펴보았다.

아무리 길게 잡아도 60cm 길이에, 그것도 완전 직선코스였다. 하지만 호크는 마치 프로 당구 선수인 미네소타 팻츠처럼 행동했다. 쓰리쿠션샷을 치기 전에 녹색커버를 두른 당구대를 이쪽 저쪽으로 빙빙 돌아보면서, 큐대에 초크를 칠하고는 모든 각도에서 방향을 읽어내는 것이었다.

벌써 오랜 시간이 지나가고 있었다. 긴장하면 무의식적으로 더 빨리 경기를 하는 다른 선수들과는 달리, 호크는 더 천천히 경기를 했다. 치 치 로드리게즈는 "타수를 읽는 것보다는 홀을 읽는 것에 더 많은 시간을 투자하라"고 말한 적이 있다. 좋은 조언이라고 생각한다. 하지만, 호크는 마치 아주 두꺼운 『전쟁과 평화』를 읽는 것처럼 홀을 읽었다. 드디어, 호크는 공 옆으로 갔고 자세를 취했다. 긴장으로 가득한 두 눈의 시선이 볼에서 홀까지, 홀에서 볼까지, 다시 볼에서 홀까지 재빠르게 갔다 왔다, 왔다 갔다 했다.

TV를 보고 있던 벤 크렌쇼는 호크가 지나치게 신중하면서 시간을 많이 소모하자 거의 고함을 지를 지경까지 갔다.

"이런, 젠장" 벤은 이렇게 말했다.

"그만 쳐!"

드디어, 호크가 퍼터를 뒤로 밀쳤다. 그의 스트로크에는 자신에 찬 확신보다는 요행수를 바라는 기도가 더 크게 들어있다는 것이 보였다. "틱" — 공은 홀을 1미터나 지나서 서버렸다. 크렌쇼는 펄쩍 뛰어 일어나면서 머리를 푹 수그렸다. "우리 아버님께서 잘 쓰시던 표현대로 하면," 정말 실망하면서 그는 이렇게 말했다. "이런, 이런, 이런 하늘이 놀랄!" 호크는 두 번째 홀에서 버디를 낚은 닐 팔도에게 우승을 내주었다.

의심은 혼란을 야기시킨다. 의심은 전신을 마비시킨다. 자신에 대해 의심을 품는 사람은 마치 적들의 순위를 나열하고는 자신에게 총을 겨누는 사람과 같다고 말한다.

자신감과 신뢰감은 어떤 스포츠에서든 필수적이다. 명예의 전당에 헌액된 다저스팀의 투수 샌디 코팩스는 불확실한 마음으로 정확한 피칭을 하는 것보다는 확신에 찬 채 형편없는 피칭을 하는 것이 더 낫다고 말한다. "스스로가 지금 제대로 하고 있다는 확신을 가져야 한다. 바로 그 상황에서 던져야만 하는 공을 던지고 싶어질 것이라는 점에 대해서 확신해야 한다."

다저스팀의 현재 선발투수인 케빈 브라운은 잘못된 공을 던지

되 그것을 공격적인 스타일로 하게 되면, 덜 질책 받게 될 가능성이 높아진다고 말한다.

성공의 습관은 연습 시에 만들어진다. 연습 시에 선수는 집중의 기술을 배우게 된다. "정말 어려운 상대와 시합하는 도중에 코트에 나가서는, 스스로에게 '집중해라, 집중해!' 하고 말할 수는 있다. 하지만 그런다고 집중이 되지는 않는다."라고 나브라틸로바는 말한다. "집중력은 연습할 때 만들어지는 것이다. 선수는 마음 속으로 연습시간을 반드시 실전시합이라고 간주해야 하며, 모든 공 하나하나에 정신을 집중해야 한다."

연습시에는 신체는 물론 두뇌까지도 연습시키는 방법을 배워야 한다. 전설적 골프선수 샘 스니드는 우리가 두뇌가 신체와 하나가 되는 순간이 바로 연습시간이라고 말한다. 정해진 동작들을 의도적으로 반복해서 하는 연습을 통해서 성공의 습관이 무의식적으로 생겨나는 것이다. 정해진 동작^{routine}이란 규칙적으로 그것을 실행해서 통제할 수 있게 되며 어떤 목적을 가지게 되는 동작을 말한다.

노마 가르시아파라는 타자석에 들어오기 전에, 손장갑을 반복적으로 잡아당기면서, 자기만의 일련의 동작들을 행한다. 타석에 들어서서는 한쪽씩 번갈아가면서 신발 발가락 부분을 땅바닥에 탁탁 친다. 그는 연습할 때에도 이와 동일한 습관을 반복한다. 타자들은 모두가 자기만의 정해진 동작들을 가지고 있다. 정해진 동작, 즉 루틴^{routine}이란 마음을 가라앉히는 기능을 하는 메카니즘이다 — 물론, 무엇인가를 촉발시키는 메카니즘이기도 하다. 그런데, 이런 루틴은 미신에 근거한 의식과는 다르다. 예를 들어, 야간 시합이 있는 날에는 반드시 오후 3시에 닭고기를 먹는 웨이드 복스의 습관같은 것 말이다.

골프 스윙전의 루틴은 선수가 공 뒤에 자세를 잡고, 목표물을 잡는 것에서부터 시작된다. 이때는 상황을 분석해서 전략을 만들어내야 하는 시간이다. 즉, 분석마인드 시간이다. 선수는 자신에게 질문을 던진다. 핀은 어디에 위치해 있는가? 바람이 불어오는 방향은 어느 쪽인가? 이러한 경우를 잭 니클라우스의 표현을 빌려 말하자면, 마음속에서 샷을 제작해내는 시간이다.

이번 샷을 어떤 식으로 플레이할 것인지를 결정했고, 공 앞으로 나가게 되면, 이제는 머리를 저쪽으로 물러나게 하고 몸이 스윙을 하도록 놓아두어야 한다. 분석 마인드를 꺼놓아라. '생각하기 모드'로부터 '신뢰하기 모드'로 스위치를 바꾸어라. 생각하기와 스윙하기를 동시에 할 수는 없다.

자신에게 이런 것을 물어보라 — "나의 머리는 나의 본능보다 나은가?" 그렇지 않다.

그렇다면, 본능을 신뢰해라.

우리는 어떤 행동을 하더라도 그것에 100% 전심전력을 다하여야 한다.
마음속에 한 점의 의심이라도 있게 되면,
우리의 몸과 근육은 무엇을 어떻게 해야 할지 모르게 된다.
우리의 루틴동작이 생각하기 모드에서 신뢰하기 모드로 바뀌도록 하자.

31

화이트 모먼트
White Moments

매번 코트에 올라설 때 마다,
나는 일이 어떻게 펼쳐질지 전혀 모른다.
난 바로 지금의 인생을 산다. 나는 바로 지금의 시합을 한다.
— 마이클 조던

최상의 상태일 때에는 머리로 생각하지 않는다.
모든 것이 그냥 저절로 펼쳐진다.
— 오지 스미스

1995년 마스터스 대회 1라운드 경기에서 벤 크렌쇼가 언더 파를 쳤을 때, 모든 사람, 크렌쇼 자신조차도 놀랐다. 바로 전날 그는 텍사스주 오스틴 시에서 하비 페닉의 장례식에 참석했었다. 90살 이었던 페닉은 그의 오랜 스승이자 친구였다. 벤이 6살 때에 하비가 처음으로 골프채를 주었다. 그리고 성장하는 동안 언제나 그의 곁에서 격려를 해주고 명료한 가르침들을 일러주었다. 그의 가르침은 단순한 기계적 조언을 넘어서 심오한 철학이 담겨있는 것들이었다. 크렌쇼는 그의 스승을 땅에 묻고난 후, 오거스타 내셔널 골프클럽으로 날아왔던 것이다. 시합장에 도착했을 때, 그는 매우 피곤하고 마음이 허전하고 온 힘이 씻겨나간 것같은 느낌이었다. 그의 온 마음이 완전히 텅 비어있었다.

시합이 시작되기 전 크랜쇼는 이렇게 말했다. "어떤 시합을 하게 될지 잘 모르겠습니다." 그런데 4일 후, 그 자신도 결코 예상하지 못했던 일이 실제로 벌어졌다.

마스터스 대회에서 마지막으로 우승한지 11년 후, 43세가 되던 바로 이 해에 벤은 다시 한 번 더 우승을 했다. 우승 퍼팅이 홀에 떨어지고 나자, 벤은 그 자리에 주저 앉아 두 손에 얼굴을 묻고 울음을 터트렸다.

5년이 지난 후 크렌쇼는 이렇게 말했다. "전 지금도 그 때를 뒤돌아 생각해 봅니다. 그 주에는 정말로 예측하지 못했던 많은 일들이 일어났습니다. 정말 오랫동안 제 실력을 발휘하면서 경기를 해 본 적이 없었는데, 첫 날 아주 자신감에 차있었고 그것이 계속되었습니다. 한편으로는 아주 편안한 마음이었는데, 다른 한편으로는 마음이 매우 집중된 상태이기도 했습니다. 여러 측면에서 볼 때, 나는 그 당시 다시 어린아이가 된 것 같았다고 할 수 있었습니다. 나는 그 주 내내 본능적으로 시합을 했습니다. 정말로 제가 할 수 있는 한 마음이 평온한 상태로 시합을 했습니다."

오랜 동안 스포츠를 해왔거나 아주 높은 수준의 기예를 연마한 많은 사람들은 이런 마술같은 순간을 여러 차례 경험하게 된다. 이 순간은 훈련과 자신에 대한 신뢰가 완벽하게 조화를 이루는 순간이다. 어떤 기술을 발휘해도 모든 것이 물 흐르듯이 아무런 힘도 들이지 않고 거의 무의식적으로 이루어지는 것이다. 마이클 조던은 이것이 수년간의 노력과 훈련이 가져다주는 보상이라고 말한다. 이런 고양된 수준의 운동기능 발휘는 말로 설명하기가 힘들다. 어떤 경우에는 이런 특별한 순간이 오로지 신의 은총에 의해서만 생겨나는 것처럼 생각되기도 한다.

아마 이 글을 읽는 독자도 경기를 할 때 모든 것이 제자리를 잡듯이 잘 맞아 떨어지는 경험을 한 적이 있을지도 모르겠다. 이게 꿈인지 생시인지 확인하고자 꼬집어보고 싶은 마음이 들 정도로 경기가 잘 풀리는 경우 말이다. 어떤 때엔 막 큰 웃음을 터트리면서 이런 말이 입에서 터져 나올 것 같기도 할 것이다. "이건 진짜가 아니야. 나는 이 정도까지 잘하진 않아!" 하지만, 당신은 바로 그 순간, 그만큼 잘하고 있는 것이다. 진짜로.

뛰어난 선수들은 모두가 이런 느낌에 대해서 잘 알고 있다. 이들은 그런 상태를 표현하기 위해서 서로 다른 용어들을 사용한다 — 자동항법 장치를 켜놓았다, 주파수조절이 되었다, 완전한 통제력을 얻었다, 감잡았다 등등. 일본 야구선수들은 무심無心 이라는 표현을 사용한다. 이는 대략, '마음을 비우다' 정도의 뜻이다. 테니스 선수였던 아서 애쉬는 '절정상태에서의 운동수행 playing in the zone'이라고 표현했다.

"절정상태zone는 운동체험이 가져다 줄 수 있는 가장 중요한 것입니다." 전 NFL 미식축구 선수였던 데이브 메기시는 이렇게 말한다. "자신의 능력범위를 뛰어넘는 바로 그 순간들이야말로 스포츠가 가지고 있는 보이지 않는 매력이지요."

이런 순간은 참으로 드물다. 그렇지만 동시에 우리에게 뭔가를 남겨준다. 전 역도세계챔피언이었던 러시아의 유리 블라소프는 훈련하는 틈틈이 시를 썼다. 그는 시적 감성을 잘 활용하여 '절정상태' 체험에 대한 묘사를 아주 잘 해주고 있다. 그는 이렇게 표현한다.

"절정상태란, 머릿속으로 피가 솟구쳐 오르면서 순간 자신의 내면은 평온하게 되는 상태로서, 참으로 짜릿하고 승리감을 가져다주는 노력의 최절정 순간이다. 모든 것이 이전보다 더욱 명료해지고 밝아진다. 마치 엄청나게 거대한 스포트라이트가 켜진 것같다. 이 순간에는 자기가 이 세상의 모든 파워를 가지고 있다는 확신이 든다. 모든 것을 할 수 있다는 생각이 든다. 날개가 달려있다는 생각이 든다. 인생에 있어서 이 순간보다 더 가치로운 순간은 없다. 이 순간은 '최상의 수행상태the white moment'라고 부를 수 있다. 이런 순간을 다시 한 번 맛보기 위해서 우린 또 다시 수년간을 열심히 훈련하게 된다."

어떤 종목의 운동선수라도 절정구역에서 가끔씩 이런 체험들을 경험하게 된다. 전 NBA 농구선수였던 바이런 스콧은 이렇게 말한다. "내게 들리는 소리라고는 내 안에서 이렇게 말하는 아주 작은 소리다. 이 목소리는 내가 공을 잡을 때마다, '던져'라고 말한다. 그러면 공이 들어갈 것을 나는 미리 알게 된다."

휘닉스 선팀에 선수로 있을 때, 찰스 바클리는 골든 스테이트 워리어팀과의 플레이 오프전 경기에서 56점을 득점한 적이 있었다. 1쿼터에서는 코트 전 지역에서 레이업슛이건, 점프슛이건, 3점슛이건 할 것없이 11번의 슛을 연이어 성공시킨 것이다. 단 한 번의 슛도 실수하지 않았다. 슛이 하나 들어가고, 다음 슛이 들어가고, 또 다음 슛이 들어갔다. 벤치에서 이를 보고 있던 동료들은 모두 자리에서 일어나 있었다. 얼굴 가득히 웃음을 머금고는 고개를 설레설레 흔들면서 말이다. 조 클라인은 두 팔을 머리 위로 올려 둥근 원을 만들었는데, 마치 농구골대가 홀라후프처럼 큰 사이즈로 된게 아니냐는 제스처였다. 수비선수 한 명 위를 넘어 일직선으로 날아가 들어가는 점프슛을 정확하게 성공시킨 뒤, 바클리는 골대 밑에 진을 치고 앉은 워리어팀의 응원단들을 바라보면서 씩 웃으며 이렇게 말했다.

"형씨들, 오늘 밤은 안돼요. 절대로, 오늘밤만은."

지금은 고인이 된 야구선수 짐 '메기' 헌터는 오클랜드 에이 팀의 선발투수로 있을 때 피처로서는 최고의 영예인 퍼펙트 게임을 세웠다. 그는 그 때를 이렇게 회상한다. "나는 9회에 들어섰을 때 퍼펙트 게임에 대해서 그리 마음을 두지 않고 있었다. 꿈을 꾸는 것 같았다. 멍한 상태에서 시합을 하고 있었다. 시합 내내 단 한 번도 퍼펙트 게임에 대해서 생각하지 않았다. 그런 걱정을 했더라면, 퍼펙트 게임을 할 수 없었을 것이다. 그럴 수 없었다는 것에 대해 확신한다."

만약 독자가 절정상태에서 운동을 하고 있을 때면, '훈련하기 모드'에서 '신뢰하기 모드'로 스위치를 바꾼 것이다. 자신의 내면과 대적을 하고 있지 않은 것이다. 그 어떤 것도 두렵지 않은 것이다. 독자는 바로 지금 이 순간, 매우 특별한 시간과 공간을 살아나가고 있는 것이다. 최면사 자격을 가지고 있는 나는, 최면상태에 있는 사람들과 이런 절정상태에 있는 사람들이 많은 공통점을 지니고 있음을 실제로 보게 된다. 타이거 우즈는 13살에 스포츠심리학자로부터 의식을 차단하여 주의를 집중하고 결단력을 강화시킬 수 있는 최면방법을 배웠다. 최면기술은 이 어린 골프선수가 아주 깊은 정신집중 상태로 접어들게 하여 어떤 때에는 자신이 어떤 샷을 쳤는지도 기억할 수 없었던 경우도 있었다. '뉴욕 타임즈 메거진'과의 인터뷰에서 우즈는 이렇게 말했다. "티에 올라서서는 이렇게 말하죠? '왼쪽으로 치지마! 오른쪽으로 치지마!' 이렇게 말하는 것은 우리 의식입니다. 내 몸은 골프를 어떻게 치는지를 잘 알고 있습니다. 그렇게 할 수 있도록 제가 훈련을 시켰습니다. 중요한 것은 내 의식을 그것으로부터 털어내는 것입니다."

절정상태에서 경기를 하는 선수들은 시간의 뒤틀림을 경험한다. 즉, 모든 것이 천천히 진행되는 것처럼 느낀다. NBA 농구선수인 레지 밀러는 자신이 경험한 절정상태에 대해서 이렇게 말한다. "모든 것이 슬로우 모션으로 벌어지는 것 같았다." 태극권에서는 이런 상황을 '구멍에 떨어지기'라고 부른다. 시간의 흐름을 지각하는 감각이 완전히 멈추는 것이다.

다른 선수들은 크기의 뒤틀림이나 공간의 뒤틀림을 경험하기도 한다. "공이 포도알 같았다."거나 "농구골대가 훌라후프처럼 보였다."거나 같은 말을 한다.

절정상태에 있는 선수들은 모든 것을 명료하게 지각한다. 마음과 몸이 모두 편안한 상태에 있으며, 평안한 마음에서 경기를 펼친다. 약간의 주저거림도 없고 한 점의 의혹도 갖지 않는다. 어떤 일이 벌어질 것인지를 미리 알아낼 정도가 된다. 절정상태의 선수들은 지금 그 순간에 완전히 파묻히게 되는 것이다. 데이브 윈필드는 "나는 내가 만든 세상에 있다."고 말하고, 골프선수인 페인 스튜어트는 "이런 상태가 되면, 내게 보이는 유일한 것이라곤 공과 홀뿐이다."

여러분들은 '화이트 모먼트'를 경험한 적이 있는가? 경기를 하면서 상대선수나 경기결과에 대해서는 전혀 신경쓰지 않고 바로 그 순간순간에만 온 정신을 쏟아 최고의 경기를 펼친 적을 떠올릴 수 있는가?

스포츠에서 이것보다 더 좋은 느낌은 없다.

절정상태에 들어가려고 노력하면 할수록 그것으로부터 더 멀어진다.
절정상태는 참으로 최선을 다한 노력과 준비에 주어지는 보상이다.
펼쳐지는 경기의 흐름에 몸을 맡기고 그 순간을 즐겨라.

32

분석의 부작용
Paralysis by Analysis

슬럼프란 부드러운 침대와 같다.
들어갈 때는 쉽지만 빠져나오기는 어렵다.
— 자니 벤치

마음이 가득 차면 배트는 텅 빈다.
— 브랜치 리키

오래 전 시카고 컵스팀은 드래프트 첫 라운드에서 리키 윌킨스를 지명했다. 이 어린 포수는 절대로 놓쳐서는 안되는 대어였다. 그의 미래는 쫙 펼쳐져 있었다. 클래스 에이 미드웨스트 리그에 속한 페오리아팀에서 선수생활을 하고 있을 때, 윌킨스는 타석에서 고생을 하기 시작했다. 전혀 야구공을 때릴 수 없었던 것이다. "배를 젓는 노를 가지고서도 창고의 넓은 쪽을 전혀 칠 수 없었어요." 어느 날 시합에 지고 난 후 점점 어찌할 바를 모르는 목소리를 내면서 이 어린 청년은 말했다.

다음 날 나는 컵스팀의 부탁으로 일리노이주 페오리아로 갔다. 물론 그 팀에 도움을 주기 위해서였다. 그날 오후, 나는 시합의 심리적 측면에 관해서 칩스팀을 상대로 굉장히 의욕을 북돋는 연설을 했었다. 선수와 코치들은 굉장히 귀를 기울였다.

그날 저녁, 윌킨스는 완전히 다른 선수같아 보였다. 그는 1회에 홈런을 날려버렸다. 3회에는 2루타를 때렸다. 그 후 희생타를 추가하였다. 경기가 끝나자 윌킨스는 자신감에 차서 이렇게 말했다. "그냥 공을 주시하고 배트가 알아서 나가도록 놓아두었어요." 다음날 지역신문의 헤드라인에는 이런 내용이 적혀있었다 ― "컵스팀으로 온 박사께서 우리 영웅을 슬럼프에서 벗어나게 만들다."

다음 날, 윌킨스와 대화하기 전까지, 내 기분은 매우 좋았고 자부심으로 가득 찼었다. 하지만 윌킨스와 대화를 나눈 후, 상황은 정반대가 되어버렸다. 어제 오후, 그는 치과에 갔었기 때문에 자신은 내 연설을 듣지 못했다는 것이다.

스포츠는 롤러코스터다. 스포츠는 산봉우리가 있고 계곡이 있는, 좋은 때와 나쁜 때가 있는, 잘될 때가 있고 안될 때가 계속해서 연이어 나타나는 롤러코스터와 같다. 어떤 선수가 맞이하는 최고의 날이 절정상태를 경험하는 날이라면, 최악의 날은 슬럼프에서 허우적거리는 날일 것이다. 이는 스포츠에서는 자연스런 일이다. 야구의 경우에 빗대어 슬럼프를 설명하고 있지만, 모든 스포츠에서 도대체가 아무리 해도 되지 않을 때가 있는 것이다.

테네시 대학의 미식축구팀이 알라바마 대학을 24 - 0으로 이긴 적이 있었다. '흑곰' 브라이언트가 감독한 알라바마팀은 115회의 시합에서 처음으로 한 점도 따내지 못한 경기였었다. 알라바마 대학의 크림슨 타이드팀은 51개의 패스를 시도했는데, 테네시 대학의 볼룬티어팀이 8개나 중간에 가로챘다. 스크럼을 짜는 도중에 알라바마 대학의 와이드 리시버는 그 와중에서도 여유를 잃지 않고 쿼터백에게 테네시 대학의 라인백커에게 공을 던져보라는 농담을 던졌다. 그래서 "만약 내가 그것을 중간에 가로챌 수 있는지 한 번 보자"는 것이었다.

1991년 브리티시 오픈 대회에서 우승한 사람은 이안 배커 핀치였다. 그 이후 그는 아주 오랜 시간 동안 슬럼프에 빠진다. 그의 골프 실력은 그에게 안녕이란 메모도 남겨놓지 않고 그를 영영 떠나버렸다. 선수들은 메이저리그에 갓 진출한 어떤 루키선수처럼 어리둥절하고 무기력한 느낌을 갖는다. 이 루키선수는 안타를 잘 때리지 못하게 되자 조언을 구하러 한 배테랑 선배에게 찾아간다. 그는 후배에게 29온스짜리 배트를 사용할 것을 권한다.

"도움이 될까요?"

이 신참내기 어린 선수는 희망을 걸어보면서 묻는다.

"아니" 그 선배가 대답했다.

"하지만, 덕아웃에 들고 들어갈 때 덜 무겁지."

이 오래된 농담은 슬럼프를 극복하는 데에는 아주 많은 방법이 있음을 알려준다.

어떤 선수들은 슬럼프를 인정하지 않음으로써 그것을 극복한다. 디이브 헨더슨 20타석 무안타의 갈증으로부터 벗어나면서, 은 "난 슬럼프에 빠졌던 것이 아닙니다. 그냥 공이 잘 맞지 않았던 겁니다."라고 주장했다. 요기 베라는 타격이 잘 되지 않을 때 스스로를 책망하지 않았다. 그는 자기 방망이를 책망했다. 그래도 타격이 되돌아오지 않으면, 그는 배트를 바꾸었다. "나는 잘 성사되지 않고 원래부터 좋아하지 않았던 그런 사건들을 종종 당면하게 된다. 그렇지만 나는 그런 사건들을 슬기롭게 이겨내는 방법을 통해 내 자신 스스로 쓰레기장에 던져지는 것을 막을 수 있고, 내 자존심은 그로 인하여 높아진다."

시카고 컵스팀의 타격코치인 빌리 윌리암스는 여행하면서 생기는 질병과 슬럼프를 연관시킨다. "슬럼프는 머릿속에서 생겨나서는 위장 속에 자리를 잡는다. 최종적으로는 그런 일이 생길 것이라는 점에 대해서 알고 있으며, 그것에 관해 걱정하기 시작한다. 그리고는 자신이 슬럼프에 빠져 있다는 점을 깨닫는다. 그것을 알게 되면 우리는 기분이 상한다."

가끔 슬럼프는 신체적 문제나 기계 고장을 통해서 생겨날 수도 있다. 하지만 슬럼프가 당사자의 머릿속에 존재하는 경우가 더 많다. 경기가 제대로 풀리지 않는 선수들은 지나칠 정도로 분석을 하게 된다. 리치 지스크가 말하던 그 원숭이의 목소리를 듣게 된다. 이러한 경우, 분석이 더욱 어렵게 된다. 스누피가 등장하는 '피터츠' 만화에서는, 스누피가 우드스탁에게 개집 위에 마련된 활주로에 완벽한 착륙을 하라고 명령을 내린다. 그리고는 그 작은 노란 새에게 공기역학에 관한 퀴즈를 내기 시작한다. "자 다시 이륙을 하게 되면, 당신은 자신의 두 다리로 클러치를 밟게 되는가?" 다음 칸에서는, 우드스탁이 사라진다. 날아오르자마자 땅바닥에 "쿵"소리를 내면서 그대로 떨어진다. 스누피는 이때 배운 교훈을 이렇게 적어 넣는다. "그것에 관해 '생각'을 하게 되면, 그것은 할 수 없게 된다."

예전에 슬럼프에 빠진 적이 있었던 한 야구선수는 다음과 같은 말을 했는데, 그다지 즐거운 표정이 아니었다. "나는 슬럼프를 생각하지 않으려고 많은 노력을 했다. 그런데 슬럼프를 생각하지 않으려고 너무나 노력한 나머지, 그것에 관해서 생각하지 않을 수가 없게 되었다." 이처럼 생각을 너무 많이 하게 되면 노력의 정도가 지나치게 된다.

메이저리그 야구선수인 코리 스나이더는 이렇게 말한다. "부정적인 일에 저절로 발생하도록 놔두는 것 보다는 그런 일이 발생하지 않도록 사전에 약간의 압력을 가하는 것도 슬럼프를 극복하는 좋은 방법이다. 예를 들면 선수가 슬럼프에 빠졌을 때, 무작정 홈런을 치려는 마을을 가지고 타석에 나가게 되는 것과 마찬가지이다. 모든 부정적인 생각들을 마음 밖으로 직접 표출하는 것도 슬럼프를 극복하는 좋은 방법이 된다."

얼마 전 전혀 경기가 풀리지 않는 한 NBA 농구선수가 나를 찾아온 적이 있었다. 여러 번의 부상은 그의 장거리슛 성공률에 영향을 미쳤다. 그의 필드골 성공률은 급강하했다. 각종 언론도 그의 이런 부진한 모습을 앞다퉈 보도하기 시작했다. 이 선수가 슬럼프와 싸우는 스스로의 방법은 더 오랜 시간동안, 더 열심히 연습을 하는 것뿐이었다. 나는 그에게 2-3일 동안이나마 마음을 편하게 가지고, 휴식을 충분히 취하며, 시합에 마음을 쏟지 말라고 강력하게 권고했다. 농구로부터 멀리 떨어져라. 아내와 아이들을 데리고 소풍을 가보라. 슬럼프에 빠진 그의 몸과 마음을 추스리는 과정에서 그는 스스로의 구멍을 더 깊게 파고 있었지만, 그에게는 삽을 땅에 내려놓고 쉬는 것이 필요했다.

아주 오래전 휘닉스시에 소재한 성 누가 종합병원의 과장으로 재직하고 있을 때, 칼 쿠엘을 처음으로 만났다. 그 당시 그는 오클랜드 에이팀에서 선수들의 능력을 개발하는 책임을 맡고 있었다. 쿠엘은 평생동안 선수, 스카우터, 감독, 단장 등 다양한 역할을 통해서 야구경기에 몸담아왔다. 그는 야구경기에서 심리적 측면이 가지는 중요성에 대하여 나와 생각을 전적으로 같이 하고 있었다. 그는 자기가 지은 책의 제목으로 이 표현을 사용했다.

한 번은 쿠엘이 그날 저녁 시합에서 어디에 가장 큰 초점을 맞출 것인지 동료선수에게 물어보았다. (그 선수는 2할 2푼 6리를 치고 있었다.)

"안타 두어 개와 타점 두어 개를 하고 싶습니다."라고 대답했다.

쿠엘은 타자는 안타를 치거나 타점을 올리는 데에 있어서 아무런 통제권이 없음을 상기시켰다. 칼이 옳다. 결과중심적이 되는 것보다는, 타자는 자신이 통제할 수 있는 일에 정신을 집중해야 한다. 좋은 타격을 보여주는 것에 정신을 쏟아야 한다. 좋은 타격이란 무엇인가? 이것은 마음을 편안히 하고, 공을 잘 보고, 인내심을 갖는 것을 말한다. 메이저리그에서 2할 5푼짜리 타자와 3할짜리 타자의 차이는 1주에 안타 1개씩의 차이일 뿐이다.

슬럼프를 극복하는 열쇠는 결과의 차이를 가져다 줄 차이점을 찾아내는 것이다. 통상적으로 이것은 더 많이 하는 것이 아니라, 더 적게 하는 것을 뜻한다.

스포츠는 올라감과 내려감으로 되어 있다.
구멍에 관한 첫 번째 법칙은 파기를 멈춰라 이다.
가장 기초적인 내용으로 돌아가라. 모든 것을 단순화시켜라.

33

스포츠 파라독스

Paradoxes of Performances

야구에서 성공하기 위해서는, 인생에서처럼,
새로운 변화를 주어야만 한다.
— 자니 벤치

때로는, 나아지기 위해서는 나빠져야 한다.
— 브랜치 리키

권투경기장은 링(동그라미)이라고 하는데 왜 네모일까? 파울 폴대를 맞으면 왜 파울이 아닐까? 이런 질문은 스포츠에서 찾아지는 모순되고 역설적인 측면들을 말해준다.

파라독스란 겉보기에는 모순됨에도 불구하고 진실인 경우를 말한다. 스키선수인 스티브 맥킨리가 활강경주에서 세계 기록을 깨고난 후에 이렇게 말했다.

"나는 속도 속에 들어있는 정지, 두려움 속에 들어있는 고요함의 중도中道를 발견했다. 나는 그것을 그 어느 때보다도 더 오랫동안 그리고 고요하게 가지고 있을 수 있게 되었다."

스포츠에서 보여지는 파라독스를 생각할 때면, 나는 언제나 헤비급 챔피언을 놓고 조지 포먼과 무하마드 알리가 아프리카 자이레에서 싸운 경기가 떠오른다. 상대가 자기를 때리도록 만듦으로써 시합에 이기는 권투선수를 도대체 상상이나 해보았겠는가? 더 많이 맞으면 이길 가능성이 더 높아지는 경우 말이다. 하지만 알리가 바로 이렇게 했다. 7라운드 동안 알리는 로프에 기대서 자기보다 더 젊은 상대로 하여금 있는 힘을 다해서 자신을 때리도록 허용(격려)하였던 것이다. 이 '허허실실' 전법은 잘 맞아떨어졌다. 8회가 되자 포먼은 힘이 다 빠져서는 팔이 축 늘어졌다. 이때 알리는 수비 자세를 버리고 조지 포먼을 레프트-라이트 콤비네이션으로 캔버스에 뉘여 버렸다.

알리가 택한 이런 전술처럼 높이뛰기바를 등 뒤로 넘는 것도 터무니없어 보였다. 딕 포스버리는 멕시코 시티 올림픽대회 높이뛰기 경기에서 바를 넘을 때 몸을 뒤로 젖혀 넘었다. 결국 포스베리는 금메달을 거머쥐었고, 이 혁신적인 방법은 '포스버리 플롭'이란 명칭을 얻어 그 이후 전 세계의 거의 모든 선수들이 활용하게 되었다.

스포츠는 언제나 변하고 있다. 전진 패스 기술은 미식축구를 완전히 다른 스포츠로 바꿔버렸다. 점프숏도 농구를 다른 차원으로 끌어올렸다. (용어 자체로 모순적이지만) 메탈로 만든 우드 채도 골프에 신기원을 만들어냈고, 테니스에서는 오버사이즈 라켓이 시합의 양상을 바꿔버렸다.

게임이 항상 변화하고 있기 때문에, 선수들도 그런 변화에 자신들을 조절시켜야만 한다. 사실, 이것은 쉬운 일은 아니다. 한 번 이렇게 해보자. 두 팔을 가슴 앞으로 해서 팔짱을 한 번 껴보라. 팔짱을 풀고, 이번에는 두 팔을 서로 반대위치로 해서 다시 한 번 팔짱을 껴보라. 느낌이 이상할 것이다. 대부분은 부자연스럽다고 느낄 것이다.

앞서 말한 것처럼, 시합을 할 때 필요한 변화를 시도해봄으로써 운동수행능력이 잠시 동안 고생을 좀 할 것이다. 나아지기 위해서는 그 전에 나빠지는 것을 감수해 내야만 한다. 이것이 스포츠의 파라독스 가운데 하나이다.

스포츠는 균형의 게임이다. 내가 좋아하는 한 가지 예는 이것이다. 아픈 사람들은 약을 먹는다. 그런데 너무 많으면 독이 되고 정도가 지나치면 생명에 치명적인 영향을 미친다. 학생들은 학교에서 이렇게 배운다. 제대로 해내지 못하면, 다시 해보고, 또 해보고, 또 해보라고 한다. 나도 선수들에게 다시 시도해보라고 한다. 포기하지 말라고 한다. 그렇지만, 같은 방식이 아니라 다른 방식으로 시도해보라고 한다. 경우에 따라서는 완전히 정반대로 해보라고도 한다. 코치나 감독들은 대부분의 경우 생각이 경직되고 유연성이 없다. 모든 것이 이것 아니면 저것, 흑 아니면 백이다. 그러나, 스포츠 상황은 그렇지 않다. 스포츠는 이것이면서 동시에 저것일 수도 있고, 흑이면서 백일 수도 있다. 동양의 음양처럼 말이다. 나는 선수들에게 회색의 지점에서 운동을 시도해보라고 가르친다. 스포츠의 파라독스적인 성격을 이해하고 받아들이라고 가르친다. 자, 그런 파라독스 열 가지를 한 번 살펴보자.

적은 것이 많을 수 있다.

Less can be more.

때로는 아무 것도 하지 않는 것 즉, 무행동이 최고의 행동인 경우도 있다. 운동선수들은 휴식을 취하고 회복기를 가져야 한다. 이런 휴식 없이는 정체기에 들어서고 완전히 녹초가 되어 부상당하기 쉬운 신체 상태가 돼버린다. 빈스 롬바르디의 말을 앞에서 언급한 적이 있다. "열심히 노력하면 할수록, 지기가 더욱 어려워진다." 이것이 사실이라면, 아무 것도 하지 않는 것이 어떻게 도움이 될 수 있단 말인가?

애리조나 카디널스팀이 연이어서 3패를 한 적이 있었다. 코칭스탭의 처방은 더 열심히 연습을 하는 것이었다. 통상적으로 감독들은 이렇게 대응한다. 팀이 이기지 못하면, 선수들이 최선을 다해서 노력하지 않았다고 확신하는 것이다. 그래서 카디널스팀은 추수감사절날에도 연습을 했다. 그러나 마음은 가족과 칠면조가 올려진 저녁식사에 가있었다. 선수들은 마지못해서 연습을 했고, 결국 디펜시브 백을 맡고 있는 유명한 팀 맥도날드가 무릎이 파열되어 남은 시즌동안 시합에 출전하지 못했다.

절정상태에는 들어가려고 애쓰면 쓸수록 그것으로부터 멀어진다.

The harder you try to get into the zone the further away you get.

'화이트 모먼트'에 관해 말할 때 언급한 적이 있다. 연습은 열심히 하라. 그러나 실제 시합은 자연스러운 흐름에 내맡겨라. 인위적으로 무엇을 만들어내려고 하지마라. 자신의 본능을 믿고, 시합이 자연스럽게 펼쳐지도록 놓아두라.

쉽게 하려는 것이 더 어려울 수 있다.

Trying easier can be harder.

많은 선수들이 시합을 할 때 파워를 발휘할 수 있도록 근육을 지나치게 불리는 경향이 있다. 하지만 지나친 근육량은 종종 패배의 원인이 되기도 한다. 골퍼의 기도를 기억하라. "하느님, 제게 더 편안하게 스윙할 수 있는 힘을 주소서."

지나친 통제는 통제의 불능을 야기시킬 수 있다.

Over-control gets you out of control.

통제를 포기함으로써 통제력을 얻을 수 있다. 투수들이 지나칠 정도로 예민해져서 투구에 완벽을 기하려고 하면, 결과는 그다지 만족스럽게 나오지 않는 경우가 많다. 이런 경우를 골프장에서도 많이 보게 된다. 정말 형편없이 골프를 친 아마추어는 희망을 상실한다. 그러면 그 때부터 12m짜리 퍼팅을 성공시키거나, 그날 가장 멀리 날아가는 드라이브를 친다. 왜 그럴까? 자신의 스윙을 더 이상 통제하려고 하지 않기 때문이다.

늦추는 것이 빠른 것이 될 수 있다.

Slowing down can make you faster.

제이 노바체크는 이 역설적인 진리를 대학육상팀에서 훈련할 때 배웠다. 레이스가 아니라 페이스가 중요하다 *Pace instead of race*. 신속하라, 그러나 서두르지 말라.

US 오픈대회에 출전 자격을 따려는 한 골프선수를 상담한 적이 있다. 아침 라운딩을 할 때 아주 일찍 나오는 대신, 계획했던 것보다 늦게 필드에 도착했다. 너무 서둘렀기 때문에, 그는 최고의 기량을 발휘하지 못했다. 지름길을 택하면 종종 완전히 다른 길로 가버리는 수가 있다.

실패에 대한 두려움은 실패를 보다 친근하게 만든다.

Fear of failure makes failure more likely.

두려움은 긴장감을 유발시키고 협응력과 리듬감에 영향을 미쳐 성공확률이 감소한다. 연승가도를 달리는 팀들이 가끔 패하지 않는 것에 대한 강박관념을 갖는 경우가 있다. 연승행진이 끝나게 되면, 종이로 만든 집이 무너지게 되고 선수들은 안도의 한숨을 내쉰다. 이들은 자기 자신과 다른 선수들에게 이렇게 말한다.

"자 이제, 새롭게 시작하자. 한 번에 한 경기씩 이기는 것에 온 정신을 집중하자."

안전한 것이 위험할 수 있다.

Playing it safe can be dangerous.

피겨스케이팅 선수인 미쉘 콴은 1998년 동계올림픽 최종결승전에서 안전하게 경기를 펼쳤다. 그 뒤를 따르던 타라 립킨스키는 그 반면, 아무 것도 잃을 것이 없다고 생각하고, 더 어려운 난이도의 기술을 펼쳤다. 결국 립킨스키가 금메달을 목에 걸었다. 콴은 그 이후 세계선수권대회에 나가서 자신 있게 경기를 펼쳤고, 결국 금메달을 땄다.

때론, 선수들은 자신의 경기를 안전하게 진행하기 때문에, 다음 단계의 수준으로 도약하기 위해 필요한 변화를 주지 못하는 경우가 있다. 어떤 투수가 커브볼을 꽤 잘 던진다면 그는 대학팀에서는 어느 정도 인정받을 수 있다. 하지만 프로팀에서는 경기장에 들어서기도 힘들 것이다. 발전을 위해서 과거는 잊어야만 한다.

일보후퇴가 일보전진이다.

A step backward is a step forward.

조금 더 나아지기 위해서 때로는 나빠져야 한다. 타이거 우즈는 스윙을 교정했을 때 한동안 성적이 좋지 않았다. 그러나 그와 그의 코치인 부치 하몬은 새로운 자세로 더 일관성있고 나은 경기를 펼칠 것이라고 확신하고 있었다. 그리고 실제로 그렇게 되었다.

욕심을 버리면 원하는 것을 얻을 수 있는 확률이 높아진다.

The probability of getting the outcome you want increase when you let go of the need to get it.

목표를 달성하기 원하는 마음이 커지면 커질수록, 자신에 대한 기대가 더 커지기 마련이다. 그렉 노먼은 다른 어떤 대회보다도 마스터스 대회에서 우승하기를 갈망했다. 그럼에도 불구하고 어떤 사람들은, 그가 우승을 하지 못하는 이유는 너무 간절히 원하기 때문이라는 주장을 내놓기도 한다. 스스로가 이길 수 있도록 자신을 놓아두라. 그리고는 이긴다는 생각을 버려두고 시합과 과정에 대해서만 정신을 집중하라.

이기기 위해서는 정신집중도 필요하지만, 마음비움도 필요하다.

While you must be present to win, you also have to be absent to win.

앞에서 말한 '화이트 모먼트'를 체험하는 운동선수들은 마음의 의식적 부분이 사라지는 사람들이다. 이들은 누에고치 안에 들어가 있게 된다. 바로 그 순간 속에서 사는 것이다.

스포츠의 파라독스적인 특성을 이해하라.
회색의 지역에서 시합을 하는 법을 배워라.
때로는 나아지기 전에 나빠져야만 한다.

34

우연이 아닌 필연
Choice Not Chance

일관성이 가장 중요하다. 계속해서 다시 반복해야 한다.
— 행크 아론

골프에서 가장 힘들고 훌륭한 기술은 "못해도 잘 치는 것"이다.
모든 위대한 선수들은 그 기술을 마스터했다.
— 잭 니클라우스

퍼팅을 세 번 하게 되거나 더블 보기를 하고 난 후 그린을 나올 때는 예외 없이 이런 질문이 따라온다. 이럴 때면 내 혈압은 위험선까지 올라가 있다. 같이 온 친구 가운데 한 명이 나를 쳐다보고 가볍게 묻는다. "그래 게리, 자네 직업이 뭐더라?"

이런 난처한 상황이 될 때, 나는 내가 스포츠심리 상담전문가라는 사실을 받아들이기가 죽기보다 싫다. 그 친구가 어떤 생각을 할 지 훤하게 보인다. "이런 실력을 가진 친구가 프로선수들을 상담하고 돈까지 받는다고?" 내가 골프를 잘 못치고 이런 질문을 받게 되면, 나는 의도적으로 미소를 지으며 이렇게 말한다. "중이 제 머리 깍는 것 봤어?"

골프를 치는 나로서는 정말로 예측할 수 없는 이 운동의 특성이 매력이기도 하면서 또 곤혹이기도 하다. 어떤 날은 75타를 칠 수도 있다. 나로서는 아주 잘 친 날이다. 그런데 어떤 날은 같은 채로 같은 곳에서 골프를 치는데도 85를 치는 것이다.

오늘은 어떤 종류의 선수가 될까? 지킬선수 아니면 하이드선수? 내 친구 밥은 공이 잘 안 맞는 날이면 웃으면서 이렇게 말한다. "이런, 내 악당 쌍둥이가 오늘 나타났네."

스포츠심리학은 특별히 두 종류의 운동선수들을 위한 처방을 가지고 있다. 첫째, 연습 때는 잘하지만 시합만 되면 무너지는 선수. 이들은 너무 지나치게 자기를 의식하거나 긴장감을 갖는다. 둘째, 많은 재능을 가지고는 있지만 일관성있는 게임을 할 수 없는 선수. 일관성이야말로 좋은 선수와 위대한 선수를 구분해주는 특징이다. 가장 뛰어난 최고의 선수는 일관되게 승리하는 선수다. 일관되게 생각하고, 실행하고, 연습하기 때문이다.

일관성은 아주 핵심적인 특성이다. "어떤 일을 하든 간에 일관성이야말로 핵심이다."고 뉴욕 양키즈팀의 단장인 조 토레는 말한다. "일관성은 모두가 깜짝 놀랄만한 멋진 기술을 단 한 번만 펼쳐내는 것보다 훨씬 더 중요하다. 자기 일을 일관되게 해낼 수 있으면, 사람들로부터 잘한다고 인정받게 된다."

크리스 에버트를 챔피언으로 만든 것이 무엇일까? "우리 아버지의 코치, 훈련, 그리고 끊임없는 칭찬과 격려가 그 길을 닦아주었습니다."라고 이 전설적인 테니스 선수는 말한다. "하지만 그것에 더해서 이런 것이 있어요. 아주 오랜기간 동안 나는 일관성 있는 경기를 펼쳤어요. 절대로 뒤를 돌아보지 않았습니다. 절대로 패배한 시합에 대해서 후회하지 않았고, 언제나 앞만을 바라보았습니다."

최고 수준의 선수는 어제나 오늘이나 내일이나 항상 최고 수준의 경기를 펼치는 선수들이다. 심지어는 몸의 상태가 좋지 않고 경기할 마음이 들지 않을 때에도 말이다. 잭 니클라우스가 말한 것처럼, '못해도 잘 치는 것'은 정말로 예술인 것이다.

마무리 투수인 데니스 에커슬리는 자신의 실력을 언제나 십분 발휘하지는 못했다. 그런 날이면, 그는 약간의 심리기술을 사용하곤 했다. "그런 척하는 겁니다. 실제로 그렇게 하는 겁니다. 잘 던지지 못하고 있다는 사실에 주눅이 들 수는 없는 겁니다. 바디랭귀지라는 것이 있습니다. 저는 정말로 그것을 믿습니다. 자신이 능력이 있다고 믿고 그렇게 행동하는 겁니다. 강속구를 속일 수는 없죠. 그런 것을 말하는 것이 아닙니다. 하지만 상대방에게 지금 최상의 컨디션이라는 인상을 주어야만 합니다."

텔레비전에서 하는 땀 냄새 제거제 광고와도 흡사하다. 절대로 땀 흘리는 것을 보도록 만들지 말 것. 알버트 벨은 투수가 어떻게 행동하는가에 따라 자신감이 있는지 흔들리고 있는지를 간파할 수 있다고 말한다. 우리는 바디 랭귀지를 통해서 우리의 생각과 감정의 많은 부분을 드러낸다. '피너츠' 만화에 보면, 찰리 브라운이 머리를 구부리고 신발을 보면서 서 있는 장면이 있다. 루시에게 이렇게 말한다. "이건 내가 스트레스 받고 있는 중이라는 뜻이야." 다음 그림에서 찰리는 어깨를 쫙 펴고 턱을 당긴다. "정말로 힘든 것은 허리를 쭉 펴고 고개를 꼿꼿이 드는 거야. 그러면 기분이 좀 나아지기 때문이지." 마지막 그림에 가면, 찰리는 자신이 가장 문제라는 표정을 하고는 이렇게 말한다. "스트레스받는 것으로부터 조금이라도 즐거움을 얻어내려면, 이런 동작으로 서 있어야만 해."

조 디마지오는 이렇게 말한다. "가장 컨디션이 좋지 않을 때 가장 힘들게 노력을 해야 한다. 상대방으로 하여금 내 상태가 좋지 않다는 것을 절대로 알아차리게 해서는 안된다."

크리스 에버트는 시합할 때 속으로는 엄청난 열이 끓고 있었다. 자신감이 흔들리거나 평정을 잃으려고 하면, 그녀는 그것이 드러나지 않도록 최대한의 노력을 기울였다. "한 번 졌다고 해서 자기감정에 져버리면, 3번 4번 연속으로 지게 될 가능성이 높다."

선수들은 누구나 힘든 날이 있다. 아놀드 파머는 이런 말을 한다. "중요한 것은 밖에서는 일이 제대로 풀리지 않더라도, 안에서는 고요함을 유지하는 것이다." 샘 스니드는 일관성을 유지하기 위해서 골프선수는 자신의 마음과 골프코스에서 벌어지는 일 사이에 거리를 두어야 한다고 믿었다. 무관심하라는 이야기가 아니다. 집착하지 말라는 것이다. 짐 콜버트는 스니드와 동일한 말을 한다. "버디나 보기, 이글이나 더블 보기, 이런 것들은 없다. 오로지 숫자만 있을 뿐이다. 만약 이 사실을 깨닫기만 한다면, 골프를 잘 칠 수 있다."

벤 크렌쇼는 골프에서는 라이가 놓인 대로 그대로 공을 친다고 말한다. "나쁜 타구를 좋은 마음으로 받아라." 드라이브를 엉망으로 쳤는데, 곧바로 나무들을 빠져나와 그린으로 굴러가는 기적 같은 샷을 친 적이 있는가? 다른 선수들이 눈치 채지 못하도록 아주 잘 했을 때 짓는 놀란 표정을 짓지 말아라.

투사의 정신상태를 유지하라. 속으로는 천 갈래 만 갈래 마음이 찢어져도 어깨를 펴고 당당하게 걸어라. 자신감 있게 행동하라. 생각이 행동을 만들 수 있는 것처럼, 행동도 생각을 만들 수 있는 것이다. 마음의 자세는 언제나 중요하다. 3000안타클럽에 든 데이브 윈필드는 자신의 생각이 자신의 감정에 영향을 미치고, 자신의 감정은 다시 자신의 운동수행에 영향을 미친다는 것을 간파했다. "때로는 운동장에 나가기 전에, 정말 재미있게 경기를 할 것이고 기분 좋은 시합을 할 것이라고 스스로에게 말을 해주어야만 한다." 그리고 이렇게 말한다.

"일반적으로, 우리는 잘하고 난 후에 기분이 좋다. 하지만, 나는 잘하기 전에 기분이 좋고 싶다. 그리고 그것은 큰 도움이 된다."

흔들림 없이 일관성 있는 실력을 갖추려면
끊임없이 일관성 있는 준비를 해야 한다.
자신이 원하는 방식대로 행동하라,
그러면 자신이 행동하는 방식대로 된다.

내면의 뛰어남
Inner Excellence

우리 삶의 질은 최고가 되기 위한 자기헌신의 정도에 비례한다.
어떤 분야라도 마찬가지다.
― 빈스 롬바르디

내 야구 인생은 단 한 가지 비밀을 깨닫기 위한
아주 오랜 시간의 입문식이었다.
그 비밀은 바로 이것이다: 모든 것의 중심에는 사랑이 있다.
― 왕정치

샤킬 오닐이 아직 신인이었을 때, 유니버시아드대회에 참가하기 위해 미국대표팀 선수들과 함께 그리스의 아테네에 가게 되었다. 한 기자가 이 2m 10cm 나 되는 거인 센터에게 판테온에 가본 적이 있는지를 물어본 적이 있었다.

"없습니다." 오닐이 대답했다. "아직 여기 있는 나이트클럽에는 아직 한 번도 가보지 않았습니다."

이 때 이후, 전 세계는 이 어린아이가 선수로서 그리고 한 인간으로서 성장하는 것을 지켜보았다. 샤킬 오닐의 가장 급격한 성장은 그의 프로입문 8년째인 28살 때에 찾아왔다. 득점은 선두, 리바운드는 2위, 슛방어는 3위를 했으며, LA 레이커스팀은 67승 15패로 리그 수위를 차지하고 있었다. 그리고 그 해 NBA 선수권 대회에서 우승했다.

시즌 중에 오닐은 이런 이야기를 했다. 그는 지난 여름에 자기 삼촌과 함께 몬타나주의 한 강으로 보트여행을 떠났다. 오닐은 그 강 근처에 새로 부임한 필 잭슨감독의 휴가 별장이 있다는 것을 알고 있었는데, 여행을 하면서 그곳을 찾아냈다. 그 집의 창문을 통해서 오닐은 잭슨 감독이 6회의 NBA 선수권 대회 우승에서 얻은 6개의 황금트로피를 보게 되었다. 오닐은 이렇게 회상했다. "황금공 6개. 햇빛을 받아 반짝거리는 것이 눈을 못 뜨게 만들더라구요." 그러나 실제로 말하면, 이들이 발하는 빛으로 인해서 샤킬은 안목이 트이게 된 것이다.

1999-2000 시즌 NBA 선수권 대회 우승과 동시에 샤킬은 MVP도 차지하게 되었다. 가장 위협적인 선수였던 샤킬 오닐은 다음과 같이 얘기하여 자신을 '빅 아리스토텔레스'로 불러주길 바랐다. "'뛰어난 단 한 번의 행동이 아니라 습관이다'라고 말한 사람이 바로 아리스토텔레스이기 때문이죠. 우린 자신이 반복적

으로 하는 것을 통해서 인정받게 됩니다."

이 책을 읽는 독자 모두가 세계적인 수준의 운동선수가 되는 것은 아니다. 하지만 우리 각자 모두는 MVP가 될 수 있다. 즉 '최우수 사람*Most Valuable Person*'말이다.

이런 의미의 MVP가 되는 데에는 특출난 재능이나 훈련이 필요하지 않다. MVP는 내면의 뛰어남을 성취함으로써 얻을 수 있다. 내면의 뛰어남은 행동방식이며 사고방식이다. 그것은 마음의 상태이다. 상황이 아무리 어려워져도, 자신의 생각, 감정, 행동에 대해서 책임을 지고 의무를 다하겠다는 그러한 정신상태이다. 내면의 뛰어남은 부정적 상황에서 긍정적 자세를 유지하는 것이며, 비관적 사태에 대하여 낙관적 태도를 보이는 것이다. 자신이 하는 일 속에서 사랑과 즐거움을 찾고, 자신이 추구하는 목표와 가치와 이상에 변함없이 헌신적으로 남아있는 것이다. 몸이 뜨겁게 달아오를 때 차갑게 마음을 안정시키는 것이다.

내면의 뛰어남을 성취한 사람들은 경쟁상황을 도전으로 받아들인다. 이들은 실패에 대한 두려움보다는 성공에 대한 욕망으로 자극을 받는다. 이들은 무조건적이고 높은 자기개념과 자기이미지를 지니고 있다. 무엇이든 할 수 있다는 태도를 보이며, 승리를 위한 준비가 되어있는 사람들이다. 이들은 열심히 노력하면 할수록 실패가 더욱 더 어려워진다는 사실을 알고 있다. 이들은 문제거리로부터 다시 일어설 수 있는 큰마음과 정정당당하고 친절할 수 있는 강한 마음을 지니고 있다.

내면의 뛰어남은 경기에서의 승패와 관련된 모든 것을 초월하는 것이다. 내면의 뛰어남은 심판이나 상대 선수로부터 빼앗아 갈 수 있는 성질의 것이 아니다. 외면지향적인 서구사회 문화에 익숙한 우리는 무엇인가 증명을 하기 위해서나 성공을 분석하기 위해서, 항상 우리 자신 밖의 것들을 찾아다녔다. 우리는 오직 우리 내면에서만 찾을 수 있는 것을 찾기 위해서 우리 밖을 찾아다녔다. MVP인 사람은 내면을 주목한다. 즉, 내면의 뛰어남은 반드시 외면으로 드러난다는 것을 아는 사람이다.

내면의 뛰어남이 갖는 10가지 특징들을 살펴보도록 하자.

꿈 Dream

루즈벨트 대통령은 미래는 자기 자신의 꿈이 아름답고 믿는 사람의 것이라고 말했다. 시카고 컵스팀에 소속되어 뛰겠다던 드와이트 스미스의 그 생생한 꿈을 기억하는가? 상상력은 인생의 예고편 같은 것이다. 자신의 꿈을 쫓아라. 목표 수립을 통해서 그 꿈을 행동으로 실천하라.

헌신 Commitment

MVP인 사람은 자신의 목표에 몸과 마음을 바쳐 헌신한다. 그들은 목적 있는 삶을 산다. 이들은 어렸을 적 테드 윌리암스와 같다. 별을 보며 소원을 빌면서 언젠가 야구역사상 최고의 타자가 되겠다는 목표를 세우고 그것에 모든 것을 다 바친 소년말이다. "나는 훈련시간이 언제나 싫었다." 무하마드 알리는 이렇게 말했다. 하지만 그는 스스로에게 이렇게 말했다. "그만두면 안돼. 지금 고생하고 인생의 나머지를 챔피언으로 살아야 돼." 알리와 3번이나 싸운 조 프레이져는 이렇게 말한다. "시합계획이나 인생계획을 미리 세울수도 있다. 하지만, 일단 시합이 시작되면 계획한 대로 이루어지지 않는다. 이때가 훈련을 어떻게 했는가가 드러나는 때다. 만약 새벽의 어두움 속에서 훈련을 게을리 했다면, 링 위 밝은 불빛 아래에서 그것이 밝혀지게 되어있다."

책임의식 Responsibility

내면적으로 뛰어난 사람들은 책임감이 있는 사람들이다. 자기가 할 수 없는 것으로 인해서 자기가 할 수 있는 것이 방해받지 않도록 하는 사람들이다. 노타 비게이처럼 자신과 자신의 행동에 대하여 책임감을 감수한다.

내가 NFL 카디널스팀의 상담역을 그만두게 된 후의 일이 한 가지 더 있다. 나 대신 상담을 맡던 버디 라이언이 2년 만에 해고되고 난 후, 나는 다시 채용되었다. 내가 만약 해고되었을 당시 내 분노와 실망을 삼켜버리지 않았다면, 그리고 만약 훗날을 기약하지 않았더라면, 아마도 그런 일이 일어나지 않았을 것이다.

배움과 성장에 대한 개방성 Openness to learning and growing

MVP인 사람은 약점을 강점으로 변환시킨다. 「미스터 베이스볼」 영화에서 말한 "개선改善"이란 단어를 기억하는가? 끊임없이 매일매일 나아진다는 뜻을 가졌다. 스포츠의 파라독스들을 철저하게 깨달아야 한다. 우리는 성장해서 늙는 것이 아니다. 성장하지 못해서 늙어지는 것이다.

낙관주의 Optimism

자기 내면의 참된 자아를 발견하기 위해서는 긍정적인 정신자세가 필수적이다. 크리스 챈들러는 미식축구를 그만둘 수도 있었다. 하지만 그는 자신에 대한 믿음을 결코 잃지 않았다. 밑바닥까지 추락했던 안드레 아가시가 1999년 세계 1위로 되돌아 올 수 있다는 것도 낙관적 마음 때문이었다. 아가시는 이렇게 말한다. "난 항상 내가 잘 할 때보다는 못할 때로부터 더 많은 것을 배운다. 그때야말로 진정한 내가 되는 것이다."

자신감 Self-confidence

스스로에 대해 가지고 있는 자기이미지보다 더 크게 될 수 있는 사람은 없다. 타이거 우즈처럼, 내면적으로 뛰어난 운동선수들은, 자신과 자신의 능력에 대한 믿음을 지닌다. 이들은 내면에 어떤 마음을 지녀야 하는지를 정확히 알고 있다. 책임감의 심리학에서 강조하는 것 중 하나는, 내가 허용하지 않는 한 아무도 내 자존감을 빼앗을 수 없다는 것이다. 내면의 성숙을 이루고 자신의 잠재력을 충족시킬 용기를 가져라.

감정의 조절 Emotional control

프로선수들에게 어떻게 생활하는 것이 좋은 것인지를 상담해주면서, 나는 모든 사안들에 대해서 옳고 그름을 판단해주는 것을 피하려고 노력한다. 단정적으로 말하는 대신에, 나는 이런 식으로 질문을 한다. "그렇게 한 것이 적절했다고 생각하나? 그런 식으로 생각하는 것이 자네에게 도움이 될까? 그렇게 한 것이 성인이 할 행동이라고 생각하나?"

역경대처 The adversity quotient

MVP인 사람은 문제거리를 기회로 생각하고 슬럼프를 2보 전진을 위한 1보 후퇴의 상황으로 간주한다. MVP인 사람은 발에

채이는 돌을 디딤돌로 활용한다. 폴 '흑곰' 브라이언트는 자신이 지도하는 대학선수들에게 이렇게 말한다. "머리를 곧게 들어라. 챔피언답게 행동하라."

인성 Character

MVP인 사람은 훌륭한 스포츠맨십을 실천한다. 조 파나노는 이렇게 말한다. "명예가 결여된 승리는 양념이 제거된 요리다. 허기는 채워줄 수 있지만, 맛은 하나도 없다." 진 스털링에 의하면, 옳은 일을 하고서 나쁘게 될 수는 없다. 별로 그렇지 않게 들리지만, 사실이다. 사람들의 좋은 점을 말하라. 사람들을 깔보지 마라. 말한 것을 실천하라. 원칙을 따른 삶을 살아라. 어떤 것이라도 원칙을 지키려고 노력하지 않으면, 하찮은 것에라도 쉽게 넘어가게 된다. 길 가운데 서있게 되면 차에 치일 확률은 두 배로 늘어난다.

끈기와 인내 Persistence and Patience

꿈을 절대로 포기하지 말라. 다른 사람들이 나를 기운 빠지게 하도록 만들지 마라. 내게 찬물을 끼얹은 사람들이 아니라, 내 불씨를 키워주는 사람들과 어울려라. 모든 것이 잘 풀릴 때에도 감사하고, 모든 것이 잘 풀리지 않을 때에도 감사하라.

내면의 성장을 위해 노력하면
그것이 외면으로 드러나게 되어있다.
우리 앞에 놓여있는 것이나 우리 뒤에 놓여 있는 것은
우리 안에 놓여있는 것에 비하면 아무 것도 아니다.

36

내안의 영웅
The Hero Within

막다른 골목에 다다랐을 때는 자신을 도와줄 사람은 오직 한 명뿐이 없다.
그것은 자기 자신이다. 그리고 그것은 내면으로부터 나온다.
— 팻 라일리

중요한 것은 그 사람의 육체적 크기가 아니다,
그 사람이 가지고 있는 마음의 크기다.
— 이반더 홀리필드

1998년 WNBA 휘닉스 머큐리팀과 휴스턴팀이 최종결승전이 있는 날이었다. 시합이 시작되기 전 나는 머큐리팀의 락커룸을 방문했다. 거의 우승이 예정 되어있던 머큐리팀의 칠판에는 랄프 왈도 에머슨이 한 말이 적혀있었다. "영웅은 보통사람보다 더 많이 용감하지 않다. 그는 단지 보통사람보다 5분 더 길게 용감할 뿐이다."

스포츠는 단지 육체적 능력을 겨루는 것 그 이상이다. 고대 그리스인들은 이 점을 잘 알고 있었다. 이들에 의하면, 스포츠는 용기도 시험한다. 용기란 말은 '마음*heart*'을 의미하는 라틴어에서 나왔다. 그리고 우리 내면의 영웅이 살고 있는 곳도 바로 마음속인 것이다.

스포츠가 만들어내는 질 좋은 옷감은 바로 이런 영웅들의 실로 엮어져있다. 내면에서 우러나오는 경기를 하면서 사람들은 난관을 극복해내고, 고난을 이겨내고, 또는 새로운 차원으로 자신의 능력을 드높인다. 어떤 이야기들은 마치 동화를 듣는 것 같은 경우도 있다. 우리는 이런 이야기를 신데렐라 이야기라고 부른다. 1995년 쿨트 워너는 아이오와주에서 시간당 5달러 50센트를 받으면서 수퍼마켓 계산대에서 일하고 있었다. 5년 후 그는 NFL에서 MVP를 수상하였고 수퍼 볼 경기에서 팀을 승리로 이끌었다. 그의 이런 인생역전 이야기는 심리훈련을 마친 후에 내가 선수들에게 들려주는 노래처럼 아주 고무적이다. 나는 머라이어 캐리가 부른 '히어로'라는 노래를 틀어준다.

천재 타자 이야기를 그린 소설 『내추럴』의 작가 버나드 말라무드는 영웅이 없다면 우리 보통사람들은 인생이 어디까지 갈 수 있는가를 모르게 된다고 말한다. 수퍼볼 경기에서 MVP를 수상한 후 워너는 이렇게 말했다. "만약 제가 다른 사람들에게 희망을 불어 넣어 줄 수 있다면, 정말로 영광으로 생각하겠습니다."

스포츠 경기는 사람들 내면에 잠재되어있는 최고의 것들을 이끌어낼 수 있다. 스포츠 경기에 참여할 수 있도록 사람들은 소극적으로 시합을 하기 보다는, 자신에 대한 의문과 두려움을 극복해낸다. 자신이 가진 빛을 환히 밝힌다. 용기를 찾아내서 내면에 잠든 가능성을 일깨워낸다. 잠깐만 눈을 감고 생각해보라. 영웅이 되었던 적을 기억하는가? 자신은 지니고 있지 않다고 생각했던 용기, 열정, 투지 같은 것들을 보여준 적이 있는가?

나는 타드 벨 박사가 했던 말을 좋아한다. 서던 켈리포니아 의과대학의 부학장인 벨은 40세 이상에서 세계에서 가장 빠른 사람이었다. "열심히 노력하고 그것을 할 수 있다는 믿음만 있다면, 우리는 그 어떤 어려움도 극복하고 일어설 수 있다. 보통 사람들이 특별한 일을 해낼 수 있다는 것을 모두가 알았으면 좋겠다."

영웅들을 만들어내는 특별한 틀 같은 것은 없다. 영웅은 아주 다양한 크기로, 다양한 형태로, 남녀노소 구분 없이, 세상 모든 곳으로부터 나타난다. 직업상 어려움을 겪고 있을 때, 차사고로 한 쪽 다리를 절단한 한 올림픽 출전 선수의 인터뷰를 시청한 적이 있었다. 그녀는 사고 후 한동안 낙심해 있다가 세계에서 가장 훌륭한 외발 스키선수가 되기로 결심했다고 말했다. 그 후 다시는 나 자신이 비참한 기분이 들지 않았다.

진 드리스콜은 휠체어 분야에서 보스톤 마라톤대회를 6번이나 우승한 선수다. 자서전인 『우리 안의 영웅』에서 그녀는 클린

턴 대통령의 초청으로 그와 함께 조깅한 것에 관해 적고 있다. "그 분은 내게 미국에서 가장 훌륭한 두 팔을 가지고 있다고 말하셨습니다. 그리고 실제로, 제게 사인해주었을 때, '진에게, 미국에서 가장 멋있는 두 팔을 가진 사람'이라고 적어주셨습니다. 인생에 성공하는 사람들은 그냥 그렇게 태어난다고 생각하는 사람들이 있습니다. 전 이렇게 말하고 싶습니다. 인생의 승리자는 말에서 10번을 떨어지고 다시 10번을 올라간 사람입니다. 성공하는 사람은 절대로 포기하지 않습니다."

영웅들은 대부분 9시 뉴스에 보도되지 않고 스포츠 신문에도 소개되지 않는다. 사람들은 엘우드 웨어같은 보통 사람의 이야기를 듣지 못한다. 이 70세 되는 농부는 피칸나무에서 떨어졌다. 4시간 후 그의 아들이 그를 발견했을 때 이 분은 기절한 상태였다. 다리 하나와 갈비뼈 5개가 부러졌다. 이 농부는 6개월간 목발을 짚고 다녔다. 하지만 이 농부가 텍사스 노장경기대회에 출전해서 원반던지기를 했을 때는, 그의 나이도, 그의 부상도, 장애가 되지 못했다. 은메달을 들어보이며 그 농부할아버지는 이렇게 말한다. "우승은 아무 상관없어요. 중요한 것은 시도했다는 거죠."

학교 교사로 은퇴한 시스 완크는 62세에 처음으로 달리기를 시도하였다. 뉴 멕시코주 라스 크루세스에 사는 이 할머니는 78세 때 애리조나 노장올림픽대회에 참가하였다. 이 할머니의 모자에는 그녀의 정신과 마음의 여유를 담은 이런 글자가 새겨져 있었다. "비기자. (자식들이 그동안 내게 문제거리가 되었으므로 이제) 자식들에게 문제거리가 될 때까지 살자." 이 할머니는 440m, 880m, 그리고 1500m 경주에 참가했다.

폴 웨스트팔은 NBA 감독이 되기 전 휘닉스에 있는 조그마한 기독교 학교인 사우스웨스트 대학에서 일하고 있었다. 이 학교에는 체육관이 없었다. 웨스트팔이 취직을 위해서 면접을 받고 있을 때, 그는 총장에게 학교에 선수가 있느냐고 물어보았다. 총장은 미소를 지으며 로비에서 지나쳤다고 말했다. "테니스팀인 줄 알았는데요. 키가 160cm 밖에는 안되는 애들인데요." 그 학생들 중에 후보였던 팀 풀츠가 있었다.

풀츠는 두 가지 이유로 선수가 되었다. 첫째, 웨스트팔은 선수가 열심히 노력하면 절대로 그만두게 하지 않았다. 풀츠보다 더 열심히 연습한 사람이 없었다. 둘째, 농구팀에 차가 필요했는데, 풀츠가 한 대를 가지고 있었다. 다 망가진 봉고차였다.

시즌이 시작되고 사우스웨스턴 대학은 라이벌인 애리조나 성서대학과 재시합을 벌이게 되었다. 이 시합에서 우승하면 이글스팀을 결승전에 출전할 수 있게 되는 기회였다. 경기 후반 웨스트팔의 선발선수 가운데 2명이 파울로 퇴장 당했다. 40초를 남겨두고 감독은 풀츠를 투입하는 수밖에 없었다.

당연히 상대팀은 이 생초보 후보선수를 파울시키고 자유투를 던지게 만들었다. 풀츠는 두 개 모두를 실수했다. 다시 파울을 당하고, 그 두 개도 성공시키지 못했다. 10초가 남은 상태에서 사우스웨스턴 대학은 3점차로 추격당하고 있었다. 누가 다시 파울당했겠는가?

풀츠가 다시 자유투를 하러 선 위에 섰다. 가슴이 쿵쾅거렸다. 첫 번째 슛. 들어갔다. 두 번째 슛, 역시 골인. 그날 밤 그 팀은 관중과 선수들이 환호하는 가운데 무등을 태운 채 펠츠를 코트에서 대리고 나왔다. 아버지가 선교사였던 이 젊은이는 나중에 자이레에서 선교사가 된다. 새 교회의 지붕을 올리던 중에 10m 아래로 떨어져서 세상을 떠나고 만다. 팀 풀츠의 심장은 이식되어서 지금 한 아프리카 남자의 가슴에서 뛰고 있다.

스포츠 세계는 많은 영웅들을 낳는다.
일상 생활도 역시 많은 영웅들을 낳는다.
성숙해지고 자신의 잠재력을 모두 다 발휘하기 위해서는 용기가 필요하다.

37

잘한 경기
The Well Played Game

스포츠는 너무도 많은 것을 할 수 있다.
그것은 내게 자신감, 자존감, 인내심, 그리고 강한 동기를 주었다.
— 미아 햄

현명한 선수들은 이기기를 원하는데, 바보들은 무조건 이기기를 원한다.
— 낸시 로페즈

    달라스 카우보이팀의 감독이었던 톰 랜드리는 스포츠는 훌륭한 교사라고 말했다. 그렇다. 스포츠 세계는 교실인 동시에 실험실이다. 우리는 어렸을 때부터 경쟁을 통해 훈련, 연습, 규율, 그리고 페어플레이의 의미를 깨닫는다. 스포츠는 우리에게 인내하며 견뎌내는 방법을 가르쳐준다. 난관을 극복하는 방법을 가르쳐준다. 한 팀의 멤버가 되는 방법을 가르쳐준다. 스포츠는 리더십, 존경, 그리고 용기에 관한 교훈을 가르쳐준다.

우리 삶의 다른 영역에서와는 달리, 스포츠에서는 점수판이 있고, 시간제한이 있고, 규칙이 있고, 운동장이 있다. 잭키 로빈슨이 메이저리그의 인종장벽을 허물었을 때, 전 이사였던 브랜치 릭키는 그에게 야구점수는 민주적임을 상기시켰다. 야구점수는 우리의 키가 얼마인지, 어떤 교회에 다니는지, 피부색이 무엇인지, 지난 선거에 아버지가 투표를 했는지, 그런 것은 말해주지 않는다. "그것이 말해주는 것이라고는, 그 날 자네가 어떤 종류의 야구선수였었는가일 뿐이야."

　달리기 애호가인 조지 시한 박사는 스포츠를 무대에 비교하였다. "스포츠는 연극무대다. 죄인이 성인으로 바뀔 수도 있고, 보통사람이 위대한 영웅으로 바뀔 수도 있다. 스포츠는 우리가 이 세상과 완전하게 하나가 되는 느낌을 가지고, 우리의 가능성을 완전히 실현시킴으로써 모든 난제를 극복해낼 수 있는 절정체험을 가져다 줄 수 있는 유일한 통로다."

　여가활동 차원에서 본다면, 스포츠는 최선을 다해서 재미있게 하는 것이 전부이다. 그런데 안타깝게도 감독이나 부모나 어린 선수들조차도(어른들로부터 배워서 그러는 것인데) 이런 경쟁의 참의미를 잊어버리는 것이다. 이들은 프로스포츠를 보고 정신을 잃는다. 프로스포츠는 사업이며 이기고 지는 것은 바로 돈으로 연결되는 곳이다. 청소년 스포츠를 지도하는 감독들은 아이들에게 소리를 지르며 분에 휩싸여 심판에게 항의를 한다. 프로스포츠 감독들이 하는 짓을 흉내내는 것이다. 리틀 리그팀에서 감독을 하는 것이 마치 자신의 운명이 걸린 것처럼 행동한다. 청소년 수준에서 가장 중요한 것이 무엇인지에 대해 이성을 잃는다. 청소년 수준에서는 성공이란 것이 이기고 지는 것이 아니라, 아이들의 개인적 성장과 발전에 의해 결정된다는 점을 망각하는 것이다.

카우보이팀의 쿼터백을 지냈던 로저 스타우바흐는 이렇게 말한다. "성공할 수 있는 청소년 스포츠 프로그램은 승리와 함께 패배도, 일등과 함께 꼴찌도 받아들일 수 있는, 그리고 노력한 것을 칭찬하며 격려하는 그런 감독이 있는 곳이다." 하지만 현실적으로 이런 감독이 몇이나 될까? 몇몇 감독이나 부모의 행동을 보면, 어른이나 10살짜리 아이 중 누가 더 철이 들었는지 어리둥절하게 된다.

놀란 라이언의 고향인 텍사스주 앨빈에서 이런 일이 있었다. 13-14세 포니 리그에서 부감독을 맡고 있던 한 경찰이, 1루 심판의 판정에 불만을 표시하여 퇴장 당했다. 그는 집에 가서 경찰 복장으로 갈아입고는 야구장으로 다시 와서는 경기가 끝날 때까지 기다렸다. 심판이 차를 타고 떠나자 그 경찰은 차를 세우게 하고는 신호위반 딱지를 떼었다. 차선변경 신호를 주지 않았다는 것이다. 이런 바보 같은 행동으로 그 경찰은 강등당하고 6개월간 정직을 당했다. 그 심판은 나중에 이렇게 말했다. "야구 게임을 가지고 정말 애들 같은 행동이었다."

그 경찰/부감독은 나와 함께 작년 여름 일본에서 있었던 굿윌 야구시리즈에 같이 갔었어야 했다. 아시아에서는 경기에 대한 예절이 매우 중요하다. 고등학교 선수들은 심판에게 고개를 숙여 인사하며 심지어 야구장에게 조차 인사를 한다. 아시아인들에게 경기는 매우 신성한 시간이자 장소인 것이다. 오늘날 우린 아이들이 이런 말을 하는 것을 듣는다. "내게 무례하게 굴지 말아요." 만약 야구나 다른 스포츠가 입이 있어서 말을 할 줄 알았다면, 이와 똑같은 말을 했을 것이다. 참으로 슬픈 일인데, 우리는 이제 교양과 스포츠맨십을 모두 잃어버렸다.

플로리다주의 5개 지역에 살고 있는 100명의 성인을 대상으로 조사한 결과, 청소년 스포츠에서 부모들이 지나치게 공격적인 태도를 보인다는 응답이 82%나 나왔다. 노스 캐롤라이나주에서는 한 엄마가 축구시합이 끝난 후 10대 심판을 때린 사건으로 구속되었다. 클리브랜드주에서는 한 아버지가 축구시합장에서 15세의 남자아이를 주먹으로 때렸다. 자기 아들이 큰 선수들에게 꼼짝 못하고 끌려다닌다고 말한 것이 이유였다. 매사추세츠주에서는 10살짜리 하키선수들의 두 아버지가 시합 중 싸움을 벌이다가 한 명이 뇌진탕으로 사망했다. 플로리다주 쥬피터의 한 경기연맹에서는 부모들에게 스포츠맨십에 관한 강좌를 수강하도록 하고 있다. 이 강좌는 자식을 선수로 둔 학부모들이 어떤 책임과 역할을 해야 하는가에 관한 19분짜리 영상물을 시청하는 것으로 되어 있다. 또한 스포츠 경기장에서 이를 준수하겠다고 맹세한 후 윤리강령에 사인도 한다.

미국인은 승리에 너무도 집착한다. 미국에서는 이기지 못하면 인생패배자다. 팬들은 절대로 용서하지 않는다. 형제애의 도시, 필라델피아에서는 스포츠팬들이 얼마나 거친지 자기 팀 시합이 없을 경우에는 공항에 가서 착륙을 잘 못한 비행기에 대고 소리를 지른다고 한다.

자기가 좋아하는 팀이 이기면 온몸이 활기가 차는 것처럼 느껴진다. 음식까지도 더 맛있게 느껴진다. 텔레비전 아나운서인 존 매든은 이런 좋은 말을 했다. "승리는 정말로 좋은 방향제입니다." 애리조나 주립대학에서 대학원 공부를 하고 있을 때, 사회심리학과 학생들이 미식축구시합 후 애리조나 주립대학의 로고가 그려진 모자와 티셔츠를 입고 나온 사람들의 숫자를 세는 조사를 한 적이 있었다. 선 데빌팀이 질 때보다 이겼을 때, 학교 로고가 박힌 옷을 입고 나온 사람이 30-40% 더 많았다. 이를 '대리만족증후군'이라고 부른다.

우린 승리를 다시 정의해야한다. 빈스 롬바르디는 승리가 가장 중요한 것이 아니라, 승리를 위해 노력하는 것이 가장 중요한 것이라고 말했다. 승리한 사람은 경기장을 떠나면서 등수에 상관없이 자신의 최선을 다했음을 스스로가 아는 사람인 것이다.

올림픽 우승자인 전 육상선수 랄프 보스톤은 이렇게 말한다. "결승선을 처음으로 끊는 사람이 되는 것은 인생의 한순간 동안만 승리자가 되도록 만들어준다. 하지만 정말로 중요한 것은 그

결승선을 지난 후에 무엇을 하느냐이다."

프로 스포츠가 던져주는 혼돈된 메시지를 다시 한 번 재검토해볼 필요가 있다. NHL은 자신들이 폭력을 조장하지 않는다고 하지만, 빙상장에서 선수 간에 벌어지는 공격적 행동들은 만약 길거리에서 벌어졌다면 범죄행위에 해당한다. NFL은 전 애리조나 카디널스팀 세이프티인 척 세실에게 삼만달러의 벌금을 물렸다. 워싱턴 레드스킨스팀을 상대로 자신의 헬멧을 휘둘러서 '불필요한 거친 행동'을 했다는 사유였다. 하지만 매 시즌이 시작되면 NFL 시합 프로그램에서는 음악에 맞춰 가장 멋진 태클과 충돌장면들을 한꺼번에 모아서 보여주고 또 보여준다. 폭력이 미화되는 것이다.

잘 한 경기는 어떤 경기를 의미하는가? 잡히지만 않으면 범죄가 아니라고 생각하는가? 부상을 입히는 것이 경기의 필수라고 생각하는가? 스포츠에 관한 어떤 철학을 지니고 있느냐가 우리가 어떻게 스포츠를 실천하는 가를 결정한다.

열심히 플레이하라. 깨끗하게 플레이하라.
정정당당히 플레이하라. 최선을 다해 플레이하라.

38

시합날
Game Day

마운드에 서면 나는 길거리에서와는 완전히 다른 사람이 된다.
— 놀란 라이언

나는 시합이 있는 날에는 친구에게 전화조차 하지 않는다.
집중력이 떨어질까봐 걱정돼서 그런다.
— 크리스 에버트

맑고 화창한 어느 늦은 봄날, 시합이 시작되기 5시간 전이다. 에너하임 스타디움 일루 뒤편의 스탠드에 외로워보이는 한 사람이 혼자 앉아있다. 오른쪽 필드를 가로질러 그 쪽으로 걸어가면서, 이상하리만큼 조용하고 평화로운 모습을 하고 있다.

지난번 애리조나 카디널스팀이 로스엔젤레스 램스팀과 시합을 벌일 때 이 스타디움에 왔을 때보다도 훨씬 다른 모습이라는 생각이 든다. 기억에 남을 만한 그 일요일 오후에 관중들의 원초적 함성이 구장에 가득 차 있었다. 사이드라인에 서있던 나는 선수들이 내지르는 기합소리, 패드를 세차게 내치는 소리, 카디널스팀의 론 월플리선수의 목소리를 속속들이 들을 수 있었다. 눈밑에 검은 페인트를 바른 채 구장 밖으로 나오면서 거의 반은 미친 듯이 이렇게 소리 지른다. "심판은 잊어버려! 저 안은 정글의 법칙이 지배한다!"

몇 달이 지난 지금 나는 구장을 가로질러 스타디움 계단을 밟고 올라간다. 유니폼 바지와 티셔츠를 입고 있는 그 사내는 자기 옆에 와 앉으라고 손짓한다.

시애틀 마리너스팀의 단장인 짐 레페브레는 조용히 앉아있다. 따뜻한 햇살과 평화로움을 만끽하고 있다. 그는 이렇게 말한다. "맥, 얼마나 조용한지 한 번 들어보게. 마치 교회 같지 않나. 사원 같지 않나."

그곳에 앉아서 나는 영화 「불 덜햄」에 나오는 애니 사보이의 독백을 떠올렸다. "난 야구라는 종교를 믿는다. 나는 모든 주요 종교들은 다 겪어보았다. 기타 종교들도 대부분 다 시도해 보았다. 부처, 알라, 브라마, 비쉬누, 시바, 나무, 버섯, 그리고 이사도라 던컨까지도 숭배해보았다. 알만큼 다 안다. 예를 들면, 천주교 염주에는 108개의 염주알이 들어있다. 야구공의 실밥도 108개이다. 나는 이 세상 모든 종교를 다 맛보았지만, 내 영혼을 진정으로 충만시켜준 유일한 교회는 야구라는 교회뿐이다."

레페브레는 구장을 물끄러미 바라보았다. 텅 빈 스탠드만 보인다. "이곳은 독특한 리듬이 있지. 심장박동 같은 소리야. 쿵-탁." 심장이 한 번 박동하는 시늉을 흉내 내면서, 이 단장은 오른손을 쥐었다가 펼친다. "45분내로 우리 선수들이 나와서 타격연습을 할거야. 그리고는 판매원들이 나타나기 시작할거구. 쿵-탁. 쿵-탁. 그 뒤에는 팬들이 도착하기 시작하지. 그리고 상대팀이 들어와서 자기들 덕아웃을 꽉 채울 거네. 쿵-탁-쿵-탁-쿵-탁" 지미의 손이 펼쳤다가 접혀지고, 펼쳤다가 접혀진다. 더 빨라진다. "그러면 라이트가 켜지고 심판들이 구장으로 나오고 국가가 울려 퍼지지." 레페브레는 마음의 눈으로 마치 그것을 볼 수 있는 것처럼, 느낄 수 있는 것같이 말한다. 마치 자신의 맥박이 뛰는 것을 느낄 수 있는 것처럼, 야구가 살아 숨 쉬는 것처럼 느낀다.

스포츠는 사람이 죽고 사는 심각한 곳은 아니다. 하지만 사상자 없는 전쟁이라고 불려져 왔다. 시합 날이 되면 심장이 빨라지면서, 선수들은 '시합 날 표정'을 짓는다. 모든 스포츠 종목에서 이런 장면을 봤다. 어떤 선수들은 거의 지킬박사와 하이드 같은 변화를 보인다. 얌전한 여자축구선수 미아 햄은 시합 날의 정신자세를 '전투사의 정신상태'라고 말한 적이 있다.

행크 아론은 가장 중요한 것은 전투를 어떻게 준비하는가라고 말했다. 모두들 서로 다른 식으로 준비한다. 내가 본 선수 중 운동선수의 가장 훌륭한 샘플인 보 잭슨은 말을 아주 조용히 하는 친구다. 휘닉스 시에서 NFL 시합에서 부상당한 둔부를 재활 받고 있을 때, 그와 함께 운동을 같이한 적이 있다. 잭은 자신의 반쪽 자아를 제이슨이라고 말했다. 제이슨은 「13일의 금요일」영화에 나오는 무자비한 살인마의 이름이다. 잭슨은 이렇게 말한다. "난 그가 상자 안에서 나오는 것을 막습니다. 가을시즌의 일요일만 빼놓고는요. 머리에 헬멧을 쓰고 끈을 맨 후 경기장에 나가서 미식축구를 하는 일요일만 밖으로 나오도록 합니다."

전 디트로이트 라이온스팀의 유명선수였던 알렉스 카라스는 시합 날이면 실제 자기보다 훨씬 큰 인물로 바뀐다. 거인 벌목꾼인 폴 번연이라고 스스로를 생각한다. "저는 시합 날 아침, 호텔에서 깨어나서 내 자신에게 말합니다. '폴, 오늘 오후에 우리는 시합을 해야 한다. 사람들에게 본때 좀 보여주어야 한다.' 그러면 나는 자신감에 가득 차는 것을 느낍니다."

전 애리조나 카디널스팀의 단장이었던 래리 윌슨은 아주 조용하고 부드러운 목소리를 가진 사람이다. 그를 보면 프로 미식축구사상 가장 거칠게 태클을 한 선수였다는 사실을 전혀 상상하지 못한다. 프로미식축구 명예의 전당 회원이기도 한 그는, 안전대를 창안해내기도 했다. 시합이 있는 일요일 날 얼마나 거칠게 경기에 임했는가를 한 번 물어보았다. "나는 시합 날이 되면 목장에 다시 돌아갔다고 생각했지. 소들을 주먹으로 때리면서 다루던 그 시절로 말이야. 내 소가 있는 녹초지로 누가 들어왔다가는 혼쭐이 났지. 엄벌을 각오해야 했어. 누구도 다시는 그런 짓을 할 엄두를 내지 못했지."

NFL에서는 월요일마다 일요일 경기 녹화 테이프를 다시 본다. 화요일은 휴일이고, 수요일은 코치들의 시합 계획 준비로 분주하다. 금요일쯤 되면 선수들은 다시 정신적으로 집중하기 시작한다. 주변을 정리하고 일요일에 있을 시합에 정신을 쏟기 시작한다. 시합이 있기 이틀 전부터 호텔에 투숙하는 선수들도 있다. 너무 신경이 예민해지기 때문에 아내와 아이들도 옆에 있는 것을 견디지 못하는 것이다.

시합 당일이 되면 많은 프로선수들이 매우 검은 선글라스를 쓰거나 헤드폰을 끼고 음악을 듣는다. 모두가 바깥 세상으로부터 자신을 격리시키기 위해서이다. 음악은 선수들의 활력을 북돋아주거나 마음을 안정시키는데 도움을 준다. 팀의 색깔에 따라 선호하는 음악은 다양하다. 재즈, 가스펠, 록, 랩 등등. NFL 경기를 보기 위해 시청자들이 텔레비전을 켜기 오래전부터, 선수들은 정신적으로 정서적으로 자신을 준비시킨다. 많은 선수들이 경기장에 일찍 가서 필드를 이리저리 걷는다. '훑어보기'라는 한 가지 연습이다.

어떤 선수들은 의식을 통해서 힘을 얻고 안정을 얻는다. 휘닉스 선스팀이 NBA 최종결승전에서 시카고 불스팀과 시합을 할 때, 찰스 바클리는 자기 팀 락커룸에 들어갔는데 그곳에는 아무도 없었다. 바클리는 자기팀 선수들이 다른 방에서 시합 전 기도 의식을 하고 있다는 것을 알았다. 그는 매직팬을 들고는 게시판에 자신이 믿는 시합 날 신앙을 한마디 적었다. "하느님께서는 스스로 돕는 자를 도와주신다."

  위대한 선수들은 삶에 있어서 균형을 찾으려고 노력한다. 시합 날에는 자기 안에 들어있는 검투사를 찾는다. 이들은 언제 어디서 그것을 불러일으켜야 하는가를 알고 있다. 그리고 시합이 끝난 후에는 그것을 어떻게 집어넣어야 하는지를 알고 있다.

라이트가 켜지면 시합시간이다.
자신의 모든 것을 던져 경기를 할 수 있도록
마음과 육체와 영혼을 준비시키도록 하라.
그리하여 시합이 끝난 뒤
어떤 후회도 없이 시합장을 떠날 수 있도록 하라.

39

거울 테스트
The Mirror Test

> 시합이 끝나면, 이겼거나 졌거나, 거울에 비친 나 자신을 보면서,
> 내가 가진 모든 것을 던져 최선을 다했다고 말하고 싶다.
> — 조 몬타나

> 가장 부드러운 베개는 명료한 의식이다.
> — 존 우든

 오클라호마주 컴머스에 싸구려 양복을 입고 싸구려 여행가방을 든 19세 청년이 뉴욕에 도착했다. 그는 「내추럴」영화의 실제 주인공이었다. 그는 모든 것을 할 수 있었고 실제로 그렇게 했다. 그는 번트를 혐오했다. 길 호지스의 깊게 들어오는 드라이브 직구를 왼쪽 센터필드로 날려버리면서, 1956년 월드시리즈에서 존 라슨이 퍼펙트 게임을 이뤄낼 수 있도록 도와줬다. 그는 565피트까지 공을 멀리 날려 보냈다. 그는 야구 역사상 가장 뛰어난

스위치 히터가 되었다. 그는 양키즈팀의 7번 선수였다. 그는 미국의 상징이었으며 내 어렸을 적 영웅이었다.

뉴욕에서 자란 나는 그를 미키라고 불렀다. 마치 개인적으로 잘 알고 있는 사이인 것처럼 말이다. 나는 타석 양쪽을 옮겨가며 그의 스윙을 흉내냈다. 아이들은 그의 야구카드를 수집했다. 나는 아직도 그가 전성시대 때 사인해준 공을 가지고 있다. 남녀노소 모든 팬들이 그를 숭앙했던 시절, 여러 차례의 부상과 수술로 온 몸이 망가지기 전의 시절이었다.

모든 기준으로 보아도, 미키 맨틀은 가장 성공한 운동선수중의 하나였다. 하지만 맨틀은 알콜중독자였다. 양키즈에 입단한 2년차 때 그의 아버지가 병으로 돌아가시고 난 후, 그는 입에 술을 대기 시작했다. 42년 동안 맨틀은 입속에 술을 병채로 들어부었으며 몸을 학대했다. 그는 남편으로도, 아버지로도 모두 실패했다. 파티장과 술집에 가면, 그는 언제나 폭소를 자아내게 만드는 이런 우스개를 했다. "이렇게 오래 살 줄 알았으면, 몸 관리를 조금 더 신중하게 했을 텐데 말이야."

하지만 이 농담은 전혀 우습지 않았다. 알콜이 그의 간을 망쳐놓았다. 그런데, 슬프게도 맨틀의 가장 큰 승리는 삶의 말년에 찾아왔다. 그는 알콜중독자 치료병원에 입원되어 중독증에서 벗어났을 때, 가장 큰 월드시리즈를 이겼다. 가장 훌륭한 홈런은 가족과 다시 합친 것이었다. 「스포츠 일러스트레이티드」지에 고백한 것처럼, 암으로 죽기 15개월 전 "우리 식구 모두와 함께 더 많은 시간을 보낼거요. 내가 얼마나 사랑하는지를 말해주고 보여 주면서 말이지요."

선수들의 경기력을 향상시키는 코치뿐만 아니라, 개인문제의 상담자 역할까지 하면서, 나는 선수들이 슬럼프에 빠지고, 더 이상 관심을 받지 못하게 되는 것을 보게 된다. 대중 앞에 나가서 각광을 받은 선수들 가운데 어떤 이들은 실제로는 불행한 삶을 살았다. 스포츠 영웅들도 인간이다. 내 소년시절의 영웅도 약점이 있었다.

맨틀의 이야기는 슬픈 이야기지만, 나는 선수로서, 그리고 한 인간으로서 성숙하고 자라나는 다른 운동선수들을 바라보면서 기쁨과 만족감을 많이 가졌다. 내가 가장 좋아하는 성공이야기 중의 하나는 켄 그리피스 주니어 이야기다.

나는 켄과 그 아버지를 1987년부터 알고 지냈다. 시에틀 마리너스팀이 신시네티 몰러 고등학교에서 지명전 1순위로 선발했을 때 주니어는 17살이었다. 2년후 그는 메이저리그에 입성한다. 가장 뛰어난 야구선수 중 하나인 그의 아버지 그리피는 내가 모든 선수들에게 묻는 테스트에 통과했다.

'거울 테스트'라는 것이다. 전 NFL 감독이자 대학감독을 지낸 존 맥케이도 이렇게 말한다. "거울 테스트를 아주 신뢰합니다. 팬이나 언론, 또는 다른 사람들의 기대수준을 만족시키는 것을 걱정해서는 안된다는 말입니다. 가장 중요한 것은 거울을 들여다보고, 그 안에 보이는 사람에게 '나는 내 최선을 다했노라'고 정직하게 말할 수 있는가 입니다."

켄 그리피스 주니어는 자기의 비춘 모습을 보았을 때 만들어지는 마음의 평온함을 좋아한다. "거울을 보고 내가 할 수 있는 한 최선을 다했다는 것을 확신하면, 내게는 그것이 가장 중요한 것입니다." 내가 좋아하는 시의 한 구절이다.

자아를 찾는 노력의 과정에서
찾고자 하는 것을 찾게 되면
하루동안 세상은 너를 왕으로 만들어준다.
거울 앞으로 가서 네 자신을 비추어보라.
그 안의 사람이 무엇을 말하는지 보라.
세상을 바보로 만들 수 있었는지는 모르지만,
사람들의 칭찬도 받았을지 모르지만,
만약, 거울 안에 있는 그 사람을 속였다면
네게 돌아오는 마지막 보상은 상심과 눈물뿐.

하버드 대학의 연구자들은 성공적인 인생을 만드는 것이 무엇인지 찾는 연구를 했다. 그 결과, 5개의 L(5L)이 바로 그 열쇠임을 제시하였다.

사랑 *Love*

 운동선수에게 있어서 사랑은 가장 기본적인 성공의 요소이다. 자신의 스포츠에 대한 사랑과 자신에게 중요한 사람들에 대한 사랑이 없다면, 살아있는 것이 아니다. 단순히 숨만 쉬고 있는 것이다. 전 올림픽 피겨스케이팅 챔피언인 페기 플레밍이 말했듯, 가장 중요한 것은 자신의 스포츠를 사랑하는 것이다. 절대로 다른 사람을 즐겁게 만들기 위해서 운동을 해서는 안된다. 아이스 하키 선수인 골디 호우는 이렇게 말한다. "자기가 하는 일을 정말로 사랑해야 합니다. 사랑이 있으면, 어떠한 장애도 어떠한 아픔도 그리고 어떠한 난관도 다 극복할 수 있습니다." 전 메이저리그 야구선수였던 오지 스미스의 말도 한 번 들어보라. "야구를 떠나 있다 보니, 내가 사랑했던 그 경기를 할 수 있었다는 것이 얼마나 행운이었고 축복이었는가 이제야 알겠다." 시카고 컵스팀에서 감독을 할 때, 지미 피어설은 매년 스프링훈련을 하면서 가장 먼저 했던 것이 바로 완전히 새롭게 다시 동료선수들을 사랑하고 경기를 사랑하는 일이었다고 말했다.

노력 *Labor*

 "만약 자기가 좋아하는 일을 한다면, 평생동안 하나도 일을 하지 않는 것과 같다."는 말이 있다. 하지만, 성공에 지름길은 없다. 성공은 헌신과 노력 위에 만들어지는 것이다. 보스턴 셀틱스의 전설같은 명감독인 레드 아우러바하는 재능과 동일하게 노력을 중요시여겼다. 그는 선수들에게 성실성에 대해서 자주 질문을 했다. 감독의 가르침에 어떻게 생각하는가? 재능을 어떻게 하면 더 나아지게 만들 수 있는가? "래리 버드를 보게. 그는 빠르지 않아. 키도 그렇게 크지 않지. 하지만 끊임없이 훈련하고 노력하고 슛연습을 하지. 그의 마음은 이루어야 할 목표로 가득 차 있어. 한 주의 목표, 한 달의 목표, 한 시즌의 목표로 말이야."

배움 *Learn*

전 메이저리그 강타자인 프랭크 하워드는, 야구의 문제점은 이것이라고 말했다. 즉, 야구를 어떻게 해야하는 것인지 알만할 때 쯤에는, 더 이상 경기에 출전하지 못하게 된다. 다른 스포츠에서도 마찬가지일 것이다. NFL 명예의 전당에 이름이 올라간 단 파웃은 운동선수의 진로를 정의의 여신이 들고 있는 저울에 비유한다. "왼쪽 저울은 재능이 가득 차 있고, 오른쪽 저울은 머리가 가득 차 있다. 처음 선수생활을 할 적에는 거의 모든 것이 육체적인 것으로 이루어진다. 정신적인 측면은 거의 백지나 다름없다. 그렇지만, 나이가 점점 들어가면서 균형이 깨진다. 신체적 능력이 낡아지고 정신적 능력이 향상되면서 정신적 측면으로 저울이 기울어지기 시작하는 것이다. 그런데 상황을 어렵게 만드는 것은, 자기 몸이 바로 눈앞에서 늙어가는 반면에, 자기 스포츠에 대해서는 점점 더 많이 알아가는 것이다. 나는 이런 식으로 느꼈다. 내 선수생활의 중간지점을 넘어서면서 특히 그랬다. 영원히 선수생활을 할 수는 없다는 것을 느꼈지만, 매일매일 새로운 것을 배우고 있는 중이었다."

나는 젊은 선수들에게 다른 사람들의 실수로부터 배우라고 말해준다. 자신의 실수를 통해서 모든 것을 배울 수 있는 충분한 시간이 우리 인생에는 주어지지 않기 때문이다. 감독인 루 피니엘라는 선수들에게 자신의 실수를 기억하고 잊지 말아야 한다고 말해준다.

웃음 Laughter

경쟁 때문에 재미를 맛보지 못해서는 안된다. 스포츠가 만들어내는 음악 중 한 가지는 웃음이다. 어떤 사람이 전 야구팀 단장이었던 휘트니 헐조그에게 야구에서 성공하는 데에 필요한 것이 무엇이냐고 물었다. 휘트니는 이렇게 대답했다고 한다. "유머감각이죠. 그리고 든든한 투수진이요." 어떤 경기에서 낯 뜨거운 패배를 하고 난 후, 존 맥케이는 어떤 벌을 받을 것 같으냐는 질문을 받았다. "목숨을 내놓고 있죠."라고 그 감독은 아무렇지도 않은 듯 말했다.

1998년 시즌에 마리너스팀 피칭코치인 브라이언 프라이스는 이반 몬테인을 훈련시키고 있었다. 몬테인은 완벽한 재능을 가진 친구로, 강한 공을 던졌지만 불안정한 제구력을 가진 오른손잡이 투수였다. 이 쿠바출신의 투수는 뼈로 만든 목걸이를 차고 있었다. 프라이스가 몬테인에게 그 행운부적을 떼어내라고 하자, 몬테인은 만약 그랬다면 프라이스의 목숨이 위태로울 것이라고 말했다. 프라이스는 이렇게 대답했다. "나는 죽는 걸 두려워하지 않아. 나는 자네가 다시 한 번 더 엉망진창으로 공을 던져서 해고당하는 것이 더 두려워." 우리 인생은 지나치게 신중하고 심각하게 받아들이기에는 너무도 소중하다. 만약 자신에게 웃음을 터트릴 수 있게 된다면, 정말로 즐거운 삶을 살 수 있을 것이다.

떠남 혹은 떠나보냄 Leave or Let go

찰스 바클리는 이런 말을 했다. "나는 내가 매 경기마다 최선을 다한다는 것을 잘 알고 있다. 나는 나를 비판하는 사람들이나 나를 숭배하는 사람들의 말을 믿어본 적이 없다. 나는 시합장을 떠날 때는 언제나 경기에 대한 생각도 끝낸다." 전 야구팀 단장을 맡았던 스파키 앤더슨도 우승이 부정적인 집착이 될 수도 있음을 경고했다. "최선을 다한 시합에는 더 이상 그것에 줄 것이 없다는 점을 깨닫는 것이 중요하다. 이겼거나 졌거나, 시합은 지났다. 끝난 것이다. 잊어버리고 다음 시합을 준비할 때인 것이다." 경기를 사랑하고 자기 일을 사랑하라. 그러나 그것과 결혼

하지는 마라.

나는 켄 그리피스 주니어의 삶 속에서 이 다섯 가지 L을 본다. 그는 야구를 사랑한다. 열심히 노력한다. 그는 배우는 것을 좋아하고 언제나 배울 자세를 가지고 있다. 그는 즐거움을 만끽한다. 그리고 11년 동안 시에틀 마리너스팀의 유니폼을 입었지만, 그것을 버리고는 자신이 자란 신시네티로 옮겨가서 다시금 자신의 선수인생을 시작했다.

삶에서의 성공이란 마음의 평온을 얻는 것이다. 즉, 후회하는 기분을 느끼지 않는 것이다. 자신이 최선을 다했음을 아는 것으로부터 온다. 자신이 선수생활을 마치고 은퇴식을 연다고 가정해보자. 고등학교나 대학교, 혹은 프로선수 생활을 마치고 은퇴식을 가질 수 있을 것이다. 친구들이 은퇴식장에 모였고, 감독들도 모두 모였다. 팀 동료들 그리고 다른 팀 선수들도 모두 참석했다. 모든 참석자가 한 사람씩 일어나서 자신의 성품과 어떤 경기를 펼쳤는가를 이야기한다.

그들은 뭐라고 말하겠는가?

그들이 당신에게 대해 뭐라고 말했다면 좋겠는가?

성공이란
한 인간으로서, 그리고 한 선수로서 필드 안과 밖에서 최선을 다했음을
스스로 아는 그러한 마음의 평온으로부터 온다.
선수생활을 마쳤을 때, 어떤 사람으로 기억되기를 원하는가?
성공을 어떻게 정의할 것인가?

40

가장 큰 승리
The Big Win

열심히 노력하고 절대로 포기하지 않으면
보통사람에게도 놀라운 일이 일어날 수 있다.
내가 그 증거다.
― 오렐 허샤이저

이길 때도 있고 질 때도 있지만, 결코 패배 당하지는 않는다.
― 에밋 스미스

마크 맥과이어는 발 부상으로 인해서 1993년과 1994년 시즌 동안 거의 출장을 하지 못했다. 이 두 해 동안 그는 각각 9개의 홈런만을 날렸을 뿐이다. 그 당시 오클랜드팀에 소속되었던 맥과이어는 다음 해에 또 다른 부상으로 고생을 하게 된다. 그는 야구를 관장하는 신이 자신에게 무엇인가 암시를 주는 것은 아닌가하고 고민하게 되었다. 자신의 미래에 대해 걱정하고 고민하던 그는 가족과 친구들에게 조언을 구한다. 이들은 이 번 한 시즌만 더 해보라고 격려 해주었다.

마크 맥과이어가 그 때 야구를 그만두었다고 상상해보라. 그 자신과 우리 모두가 잃어버렸을 뻔 한 것에 대해서 생각해보라. 맥과이어는 자기 아버지의 61회 생일날 61번째의 홈런을 치지 못했을 것이고, 야구기록부에 로저 마리스의 이름 옆에 자기 이름을 적어 넣지 못했을 것이다. 그리고 세인트 루이스 카디널스 팀의 배트보이와 함께 이 추억을 나누지 못했을 것이다. 10살짜리 자기 아들 말이다. 빅 맥이 그라운드를 돌아오는 동안, 매트 맥과이어는 아버지의 포옹을 기다리며 홈에서 서있었다. 정말로 멋진 광경이었다. 할아버지, 아버지, 아들 이렇게 3대가 홈런 한 방으로 하나로 뭉쳐졌던 것이다.

만약 맥과이어가 그 때 포기했더라면, 그는 절대로 62호 홈런을 치지 못했을 것이다. 이때 그는 너무도 흥분한 나머지 리틀리그 야구에서의 제1조 규칙을 잊어버렸다. 모든 베이스를 다 밟아야 한다는 규칙 말이다. 그는 다시 돌아가서 1루를 밟고, 2루를 밟고, 3루를 밟은 후, 홈을 밟았다. 그날 밤 맥과이어는 스포츠에서 가장 귀중한 기록의 주인공이 되었다. 모든 사람들의 가슴을 감동시켰다.

만약 맥과이어가 그 때 포기했더라면, 1998년 시즌의 마지막 44시간 동안 5개의 홈런을 때리지 못했을 것이다. 시즌 마지막 타석에 서기 전에, 그는 준비타석에 서서는 눈을 감고 온 에너지를 한곳에 집중시켰다. 그리고 타석으로 걸어 나가 70호 홈런을 날렸다. 70호 홈런공은 가격이 수천달러라고 한다. 하지만, 이런 역사적인 시즌과 그것이 야구경기, 야구팬, 그리고 조국에 미친 영향에 가격을 붙일 수 있겠는가? 맥과이어는 이렇게 요약해서 말해주었다. "저는 도무지 믿기지가 않습니다. 여러분은 믿기십니까?"

청소년 시절 마이클 조던의 목표는 학교대표 농구팀에 들어가는 것이었다. 그는 지금도 가끔씩 감독이 체육관 벽면에 출전선수 명단을 붙이는 장면을 가슴 졸이면서 기다리던 2학년 때를 생각한다. 명단에 이름이 있는 선수는 선발이 된 것이고 없는 선수는 탈락된 것이었다.

조던은 손가락으로 조심스럽게 명단을 훑어내려갔다. 없었다. 가슴이 철렁했다. 그날 학교가 끝나고 조던은 집으로 갔다. 방문을 꼭 잠그고 그는 서럽게 울었다.

참으로 다행스럽게도, 굳은 결심은 깊은 실망을 이겨낸다. 이 깡마른 소년은 자기가 그다지 잘 하지 못한다는 것을 받아들이지 않는다. 그는 포기하지 않았다. 만약 그랬다면, 우리는 농구 역사상 가장 뛰어난 이 선수, NBA 선수권대회를 여러 번 우승하고 MVP도 여러 번 거머쥐고, 드림팀을 이끌고 올림픽 경기에서도 금메달을 안은 이 선수를 지켜보는 즐거움을 누리지 못했을 것이다.

랜스 암스트롱은 자신을 진찰한 의사들이 어두운 소식을 전해준 그 순간을 기억한다. 1996년 자신이 고환암에 걸렸다는 이야기를 듣는다. 이미 복부와 머리와 허파까지 전이되었다는 것이다.

"이럴 수가, 내 선수생활은 이제 끝이다"는 생각이 가장 먼저 머릿속에 떠올랐습니다. 그랬는데, 의사들은 새로운 문제점을 계속해서 더 찾아내는 것이었습니다. 나는 더 이상 선수생활에 대해서는 생각하지 않았습니다. 다음 생일날까지 살아있을 수 있는지조차 알 수 없었거든요."

암스트롱은 머릿속의 종양을 제거하기 위해서 4차례의 수술과 화학요법을 받아야했다. 의사들은 40%의 생존확률만이 있을 뿐이라고 말했다. 하지만 3년 후, 정말로 기적같게도 이 27세의 싸이클선수는 프랑스를 일주하고, 알프스 산맥을 넘고, 피레네 산맥을 넘었다. 암스트롱은 바퀴 두 개 위에 몸을 웅크리고 오르막길과 내리막길, 맑은 날이나 비오는 날이나 유럽에서 가장 힘겨운 지형을 2286마일이나 종주하는 대장정을 선두로 마쳤다.

어떤 오르막은 미식축구장의 계단만큼이나 가팔랐다. 그는 달리는 도중에 식사를 했다. 부리로 물을 먹는 물총새처럼 그도 물통에서 물을 빨아먹었다. 의지력으로 힘을 얻었던 그는 마치 기계 같았다. 하루 6,000kcal의 에너지를 태웠다.

뚜르 드 프랑스 대회는 인간의 지구력을 테스트하는 지구상의 가장 힘든 경기 중 하나이다. 이 대회는 매일 마라톤 완주를 20

일 동안 하는 것에 비유되기도 한다. 그런 신체 상태로 시합에 참가한 랜스 암스트롱은 승리자라는 것을 증명하기 위해서 트로피가 필요하지 않았다. 하지만, 그는 1999년 트로피를 받았다. 경주 마지막 날 그는 미국국기를 온 몸에 감고 관중들의 환호 속에서 파리에 도착했다. 우승이었다.

그러나 암스트롱은 우승한 것보다 더 큰 일을 해내었다. 그는 암을 이겨낸 생존자의 상징 같은 존재가 되었다. 그의 이야기는 삶의 긍정성을 보여주는 이야기이며 앞으로도 그럴 것이다. 암스트롱은 그 다음 해에도 같은 일을 해냈다. 그는 전무후무한 7연패의 위업을 이루어냈다.

운동선수들을 상대로 상담을 하면서 나는 이들에게 미래가 어떻게 펼쳐질 것인지는 그 누구도 알 수 없다는 사실을 상기시킨다. 그러므로 왜 자신의 장래가 정말로 잘 풀려나갈 것처럼 행동하지 않는가? 목표를 세워라. 노력하라. 긍정적 사고방식이 항상 좋은 결과를 내는 것은 아니지만, 부정적 사고방식은 거의 항상 나쁜 결과를 낸다.

이 책을 통해서 우리는 세상에서 가장 잘 알려진 많은 선수들에 관해서 이야기를 나누었다. 하지만, 대부분의 챔피언들은 그다지 잘 알려져있지 않다. 이들은 「스포츠 일러스트레이티드」지에 실리지 않는다. ESPN 방송의 인터뷰도 들어오지 않는다. 하지만 이들은 우리 주변 가까이에 있으며, 우리의 눈을 돌리는 곳

어디든 손쉽게 볼 수 있다.

부모들이 그녀에게 문제가 있음을 알아차렸을 때, 이다 돗슨은 이미 2살이었다. 애리조나주 툼스톤에 살고 있던 이 어린 아이의 귀가 들리지 않는다는 사실이 판명되었다. 돗슨이 4살이 되자, 그녀의 아버지와 어머니는 투손으로 그녀를 데리고 가서 애리조나 장애인학교에 입학시켰다. 그 학교에서 10년을 보냈다.

고등학교 2학년이 되자 돗슨은 일반학교로 가고 싶어했다. 그래서 고향에 있는 툼스톤 고등학교에 입학했다. 그녀는 다른 300명의 학생들과 어떻게 의사소통을 해야 할지 몰랐다. 학생들은 수화를 할 줄 몰랐다. 돗슨은 학생들이 자기를 받아들여주지 않을 것을 걱정했다. 학생들은 그녀를 잘 받아주었다.

돗슨은 밴드부의 연주나 치어리더의 응원을 들을 수는 없었다. 하지만, 아무도 그녀에게는 귀머거리가 장애라는 이야기를 아무도 하지 않았다. 돗슨은 여학생 농구팀에 들어가서 최선의 노력을 다했다. 심판의 호루라기로부터 오는 진동을 감지하는 보청기를 귀에 끼고 시합을 했다. 돗슨은 학교 최고 득점수가 되고 주장이 되었다. 3학년이 되었을 때 돗슨은 모교를 주 결선에서 준결승전까지 올려놓았다.

이 마지막 교훈이 가장 중요하다.

내 안의 두려움이 내 꿈이 가는 길을 막도록 놓아두지 말라. 할 수 없는 것이 할 수 있는 것을 방해하도록 놓아두지 말라.

가장 큰 승리는 자기 자신에 대한 승리다.
기억하라.
포기는 언제해도 너무 빨리 내린 것이다.

마인드 스포츠

초판 1쇄 인쇄 / 2010년 10월 6일
초판 1쇄 발행 / 2010년 10월 11일
   2쇄 발행 / 2018년 11월 30일
   3쇄 발행 / 2022년 5월 31일
     저　　자 / 최의창
    발 행 처 / 레인보우북스
     주　　소 / 서울특별시 관악구 신림로 75 레인보우B/D
     전　　화 / 02) 2032-8800
     팩　　스 / 02) 871-0935(팩스)
     E-mail　/ min8728151@rainbowbook.co.kr

    ISBN : 978-89-6206-426-1　93690
    정 가 : 15,000원